新农村建设丛书

农村基础设施投资与融资

主编 温凤荣 王峻
副主编 董雪艳 李永珍 张晖 李一凡

中国建筑工业出版社

图书在版编目（CIP）数据

农村基础设施投资与融资/温凤荣等主编．—北京：
中国建筑工业出版社，2010
（新农村建设丛书）
ISBN 978-7-112-11741-3

I．农… II．温… III．①农村－基础设施－基本建设－
投资－中国②农村－基础设施－基本建设－融资－中国
IV．F32

中国版本图书馆 CIP 数据核字（2010）第 010211 号

新农村建设丛书
农村基础设施投资与融资
主编　温凤荣　王峻
副主编　董雪艳　李永珍　张晖　李一凡

*

中国建筑工业出版社出版、发行（北京西郊百万庄）
各地新华书店、建筑书店经销
北京华艺制版公司制版
北京市兴顺印刷厂印刷

*

开本：850×1168 毫米　1/32　印张：6⅝　字数：190 千字
2010 年 7 月第一版　2010 年 7 月第一次印刷
定价：16.00 元
ISBN 978-7-112-11741-3
（19001）

版权所有　翻印必究
如有印装质量问题，可寄本社退换
（邮政编码　100037）

本书全面系统地介绍了新农村建设中农村基础设施建设投资与融资的基本知识和操作实务。全书共分九章：农村基础设施概述；农村基础设施建设融资；农村基础设施建设投资；农村基础设施建设的前期工作；农村基础设施建设准备与实施阶段的管理；农村基础设施建设的后期管理；农村基础设施的运营管理；农村基础设施投资的财务管理与监督；国外资金的争取与管理方法。可供参与农村基础设施项目建设的地方政府管理人员、村委会、相关企业工程技术人员参考学习之用。

＊　　＊　　＊

责任编辑：刘　江　赵晓菲
责任设计：董建平
责任校对：王雪竹　赵　颖

《新农村建设丛书》委员会

顾问委员会

周干峙　中国科学院院士、中国工程院院士、原建设部副部长
山　仑　中国工程院院士、中国科学院水土保持研究所研究员
李兵弟　住房和城乡建设部村镇建设司司长
赵　晖　住房和城乡建设部村镇建设司副司长
董树亭　山东农业大学副校长、教授
明　矩　教育部科技司基础处处长
单卫东　国土资源部科技司处长
李　波　农业部科技司调研员
卢兵友　科技部中国农村技术开发中心星火与信息处副处长、研究员
党国英　中国社会科学院农村发展研究所研究员
冯长春　北京大学城市与环境学院教授
贾　磊　山东大学校长助理、教授
戴震青　亚太建设科技信息研究院总工程师
Herbert kallmayer（郝伯特·卡尔迈耶）　德国巴伐利亚州内政部最高建设局原负责人、慕尼黑工业大学教授、山东农业大学客座教授

农村基层审稿员

曾维泉　四川省绵竹市玉泉镇龙兴村村主任
袁祥生　山东省青州市南张楼村村委主任
宋文静　山东省泰安市泰山区邱家店镇埠阳庄村大学生村官
吴补科　陕西省咸阳市杨凌农业高新产业示范区永安村村民
俞　祥　江苏省扬州市邗江区扬寿镇副镇长

王福臣　黑龙江省拜泉县富强镇公平村一组村民

丛书主编

徐学东　山东农业大学村镇建设工程技术研究中心主任、教授

丛书主审

高　潮　住房和城乡建设部村镇建设专家委员会委员、中国建筑设计研究院研究员

丛书编委会（按姓氏笔画为序）

丁晓欣	卫　琳	牛大刚	王忠波	东野光亮	白清俊
米庆华	刘福胜	李天科	李树枫	李道亮	张可文
张庆华	陈纪军	陆伟刚	宋学东	金兆森	庞清江
赵兴忠	赵法起	段绪胜	徐学东	高明秀	董　洁
董雪艳	温凤荣

本丛书为"十一五"国家科技支撑计划重大项目"村镇空间规划与土地利用关键技术研究"研究成果之一（项目编号2006BAJ05A0712）

丛书序言

建设社会主义新农村是我国现代化进程中的重大历史任务。党的十六届五中全会对新农村建设提出了"生产发展、生活宽裕、乡风文明、村容整洁、管理民主"的总要求。这既是党中央新时期对农村工作的纲领性要求,也是新农村建设必须达到的基本目标。由此可见,社会主义新农村,是社会主义经济建设、政治建设、文化建设、社会建设和党的建设协调推进的新农村,也是繁荣、富裕、民主、文明、和谐的新农村。建设社会主义新农村,需要国家政策推动,政府规划引导和资金支持,更需要新农村建设主力军——广大农民和村镇干部、技术人员团结奋斗,扎实推进。他们所缺乏的也正是实用技术的支持。

由山东农业大学徐学东教授主持编写的《新农村建设丛书》是为新农村建设提供较全面支持的一套涵盖面广、实用性强、语言简练、图文并茂、通俗易懂的好书。非常适合当前新农村建设主力军的广大农民朋友、新农村建设第一线工作的农村技术人员、村镇干部和大学生村官阅读使用。

山东农业大学是一所具有百年历史的知名多科性大学,具有与农村建设相关的齐全的学科门类和较强的学科交叉优势。在为新农村建设服务的过程中,该校已形成一支由多专业专家教授组成,立足农村,服务农民,有较强责任感和科技服务能力的新农村建设研究团队。他们参与了多项"十一五"科技支撑计划课题与建设部课题的研究工作,为新农村建设作出了重要贡献。该丛书的出版非常及时,满足了农村多元化发展的需要。

住房和城乡建设部村镇建设司司长　李兵弟
2010年3月26日

丛书前言

建设社会主义新农村是党中央、国务院在新形势下为促进农村经济社会全面发展作出的重大战略部署。中央为社会主义新农村建设描绘了"生产发展、生活宽裕、乡风文明、村容整洁、管理民主"的美好蓝图。党的十七届三中全会，进一步提出了"资源节约型、环境友好型农业生态体系基本形成，农村人居和生态环境明显改善，可持续发展能力不断增强"的农村改革发展目标。中央为建设社会主义新农村创造了非常好的政策环境，但是在当前条件下，建设社会主义新农村，是一项非常艰巨的历史任务。农民和村镇干部长期工作在生产建设第一线，是新农村建设的主体，在新农村建设中他们需要系统、全面地了解和掌握各领域的技术知识，以把握好新农村建设的方向，科学、合理有序地搞好建设。

作为新闻出版总署"十一五"规划图书，《新农村建设丛书》正是适应这一需要，针对当前新农村建设中最实际、最关键、最迫切需要解决的问题，特地为具有初中以上文化程度的普通农民、农村技术人员、村镇干部和大学生村官编写的一套大型综合性、知识性、实用性、科普性读物。重点解决上述群体在生活和工作中急需了解的技术问题。本丛书编写的指导思想是：以倡导新型发展理念和健康生活方式为目标，以农村基础设施建设为主要内容，为新农村建设提供全方位的应用技术，有效地指导村镇人居环境的全面提升，引导农民把我国农村建设成为节约、环保、卫生、安全、富裕、舒适、文明、和谐的社会主义新农村。

本丛书由上百位专家教授在深入调查的基础上精心编写，每一分册侧重于新农村建设需求的一个方面，丛书力求深入浅出、语言简练、图文并茂。读者既可收集丛书全部，也可根据实际需求有针对性地选择阅读。

　　由于我们认识水平所限，丛书的内容安排不一定能完全满足基层的实际需要，缺点错误也在所难免，恳请读者朋友提出批评指正。您在新农村建设中遇到的其他技术问题，也可直接与我们中心联系（电话 0538-8249908，E-mail：zgczjs@126.com），我们将组织相关专家尽力给予帮助。

山东农业大学村镇建设工程技术研究中心　徐学东
2010 年 3 月 26 日

本书前言

基础设施建设是改善农村人居环境和生产条件的基础。新农村基础设施建设是一项复杂的工作，搞好这一工作，是推动农村基础设施建设的重要保障。

本书力图以建设项目生命周期为主线，全面介绍融资方式、建设过程中各个阶段的资金使用与管理，以及项目建成后运营管理等阶段的投融资实用知识与方法。

农村基础设施投资与融资工作有其特殊性。应结合农村的实际情况，针对新农村建设过程中对基础设施的需求，认真总结先进经验，分析存在的问题，提出适合各地不同类型基础设施建设实际需要的途径与方法。

农村基础设施投资与融资管理工作涉及融资渠道、资金运用、投资管理、财务监督和国外资金争取，以及基础设施建成以后的运营与管理的全过程。部门跨度大，部门之间的协调难度大，因此，应把科学、适用的投融资方法运用到整个农村基础设施投融资过程。

本书编写的具体分工是：第一章由王峻、温凤荣编写；第二章由徐学东、范成方、温凤荣编写；第三章由董雪艳、温凤荣编写；第四章由李一凡、胥斌编写；第五章由贾宏俊、李一凡、张毅编写；第六章由温凤荣、李一凡编写；第七章由王峻、李永珍编写；第八章由李永珍编写；第九章由中国农业大学张晖编写。

参加编写的人员还有刘厚玉、赵锡平、刘军、马善红、黄钢、陈莹、吴新华、王秀菊、佀同才、杨凤湖、刘树波等。全书由温凤荣、王峻统稿。

本书在编写过程中，参考了国内很多地方的成功做法和经验，查阅了大量专著、论文等文献资料，在此谨对工作在一线的基层人员表示衷心的感谢。

由于作者水平所限，对目前农村基础设施建设投融资的经验总结不够，书中难免存在错误和不妥之处，恳请广大读者批评指正。

目 录

第一章 农村基础设施概述 …………………………………… 1
　第一节 农村基础设施 ………………………………………… 1
　　一、概念 ……………………………………………………… 1
　　二、内容 ……………………………………………………… 1
　　三、特点 ……………………………………………………… 2
　第二节 新农村对基础设施的需求 …………………………… 3
　　一、基础设施在新农村建设中的地位与作用 ……………… 3
　　二、新农村对基础设施建设的需求 ………………………… 4
　第三节 基础设施建设中存在的问题与解决途径 …………… 5
　　一、存在的问题 ……………………………………………… 5
　　二、解决途径分析 …………………………………………… 6
第二章 农村基础设施建设融资 ……………………………… 9
　第一节 概述 …………………………………………………… 9
　第二节 农村基础设施建设资金来源 ………………………… 10
　　一、国家扶持资金 …………………………………………… 10
　　二、地方政府扶持资金 ……………………………………… 13
　　三、银行贷款 ………………………………………………… 14
　　四、民间自有资金 …………………………………………… 14
　第三节 国家扶持资金及申报方法 …………………………… 15
　　一、农村生活基础设施建设 ………………………………… 15
　　二、农村社会发展基础设施建设 …………………………… 20
　　三、农村文化体育设施建设 ………………………………… 21
第三章 农村基础设施建设投资 ……………………………… 23
　第一节 概述 …………………………………………………… 23

11

一、农村基础设施建设项目投资的含义与特点 …… 23
　　二、农村基础设施建设项目投资的构成 …………… 24
　　三、农村基础设施建设项目投资的程序 …………… 26
　第二节　影响基础设施建设项目投资的因素 ………… 27
　　一、农村基础设施建设投资的现状 ………………… 27
　　二、农村基础设施建设投资的影响因素 …………… 27
　第三节　农村基础设施投资的时间价值 ……………… 29
　　一、资金时间价值的概念及产生 …………………… 29
　　二、资金时间价值的计算 …………………………… 31

第四章　农村基础设施建设的前期工作 …………………… 33
　第一节　投资项目的可行性分析 ……………………… 33
　　一、可行性研究的概念和作用 ……………………… 33
　　二、可行性研究的工作阶段与内容 ………………… 33
　　三、市场、技术和效益研究 ………………………… 35
　　四、基础设施建设的环境影响评价 ………………… 38
　第二节　工程的勘察设计 ……………………………… 40
　　一、工程勘察设计概述 ……………………………… 40
　　二、勘察、设计费用与支付方式 …………………… 43
　第三节　投资估算与投资计划 ………………………… 51
　　一、投资估算的概念 ………………………………… 51
　　二、投资估算的内容 ………………………………… 51
　　三、投资估算的依据、要求与步骤 ………………… 51
　　四、投资估算的分类 ………………………………… 52
　　五、投资估算的编制方法 …………………………… 55
　　六、流动资金估算 …………………………………… 57

第五章　农村基础设施建设准备与实施阶段的管理 ……… 59
　第一节　实施方式和建设管理制度 …………………… 59
　　一、建设项目实施方式 ……………………………… 59
　　二、建设管理制度 …………………………………… 62
　第二节　基础设施建设项目招标与投标 ……………… 66

一、招标与投标的概念 ·················· 66
　　二、招标的方式 ······················· 66
　　三、招标与投标的程序 ·················· 68
第三节　招标文件的准备 ······················· 72
　　一、招标文件的主要内容 ················ 72
　　二、合同类型与计价方法 ················ 75
　　三、工程量清单与计价表格 ··············· 81
　　四、合同条件 ························· 90
　　五、招标文件范例 ····················· 91
第四节　建设准备 ··························· 95
　　一、征地、拆迁平整场地 ················ 95
　　二、施工条件准备 ····················· 98
　　三、物资准备 ························· 98
　　四、报批开工报告 ···················· 100
第五节　建设过程中的三项管理 ················· 100
　　一、工期管理 ························ 100
　　二、建设项目质量管理 ················· 101
　　三、工程造价管理 ···················· 104

第六章　农村基础设施建设的后期管理 ············· 116
第一节　竣工验收概述 ······················· 116
第二节　竣工验收程序和方法 ··················· 117
第三节　工程价款结算和项目后评价 ··············· 118
　　一、工程价款结算概念和内容 ············· 118
　　二、工程价款结算方式 ················· 118
　　三、项目后评价 ······················ 120

第七章　农村基础设施的运营管理 ················ 125
第一节　存在的问题 ························· 125
第二节　农村基础设施运营管理模式 ··············· 127
　　一、运营管理模式的类型 ··············· 127
　　二、四级联动运营管理模式 ············· 127

三、股份合作制管理模式⋯⋯⋯⋯⋯⋯⋯⋯⋯⋯⋯ 129
　　　四、建立农村基础设施管理协会⋯⋯⋯⋯⋯⋯⋯ 133
　　　五、公私合作运营管理模式⋯⋯⋯⋯⋯⋯⋯⋯⋯ 134
第八章　农村基础设施投资的财务管理与监督⋯⋯⋯⋯ 136
　第一节　农村基础设施投资的财务监督⋯⋯⋯⋯⋯⋯ 136
　　　一、农村基础设施投资财务监督的概念及意义⋯⋯ 136
　　　二、农村基础设施投资财务监督的分类⋯⋯⋯⋯⋯ 137
　　　三、农村基础设施投资财务监管实施⋯⋯⋯⋯⋯⋯ 140
　　　四、农村基础设施投资财务监管实施办法⋯⋯⋯⋯ 145
　第二节　农村基础设施建设的监督与检查⋯⋯⋯⋯⋯ 149
　　　一、监督检查的意义⋯⋯⋯⋯⋯⋯⋯⋯⋯⋯⋯⋯ 149
　　　二、基础设施建设的监督检查体系⋯⋯⋯⋯⋯⋯⋯ 149
　　　三、监督检查的实施⋯⋯⋯⋯⋯⋯⋯⋯⋯⋯⋯⋯ 155
　第三节　农村基础设施建设财务审计⋯⋯⋯⋯⋯⋯⋯ 158
　　　一、农村基础设施建设财务审计的相关定义⋯⋯⋯ 158
　　　二、农村基础设施建设财务审计的目标及分类⋯⋯ 159
　　　三、农村基础设施建设财务审计方法⋯⋯⋯⋯⋯⋯ 161
　　　四、农村基础设施建设财务审计内容⋯⋯⋯⋯⋯⋯ 162
　第四节　建立民主机构进行财务管理和监督⋯⋯⋯⋯ 166
　　　一、民主管理机构及制度⋯⋯⋯⋯⋯⋯⋯⋯⋯⋯ 166
　　　二、户代表议事会会议制度⋯⋯⋯⋯⋯⋯⋯⋯⋯ 167
　　　三、民主自治机构——新农村建设理事会⋯⋯⋯⋯ 169
　　　四、民主监督机构——村务监督委员会⋯⋯⋯⋯⋯ 170
　　　五、村民服务组织——公益事业理事会⋯⋯⋯⋯⋯ 172
第九章　国外资金的争取与管理方法⋯⋯⋯⋯⋯⋯⋯⋯ 174
　第一节　外商直接投资⋯⋯⋯⋯⋯⋯⋯⋯⋯⋯⋯⋯⋯ 174
　　　一、内涵⋯⋯⋯⋯⋯⋯⋯⋯⋯⋯⋯⋯⋯⋯⋯⋯⋯ 174
　　　二、类型⋯⋯⋯⋯⋯⋯⋯⋯⋯⋯⋯⋯⋯⋯⋯⋯⋯ 175
　　　三、影响外商直接投资的因素及对策分析⋯⋯⋯⋯ 176
　第二节　国外援助⋯⋯⋯⋯⋯⋯⋯⋯⋯⋯⋯⋯⋯⋯⋯ 178

一、国外援助的界定及其形式 ·················· 178
　　二、影响国际援助的因素分析 ················· 180
　第三节　国际贷款 ····························· 182
　　一、国际贷款的定义及特点 ··················· 182
　　二、影响国际贷款的因素分析 ················· 183
　　三、申请国际商业银行贷款的程序 ············· 186
　第四节　不同外资的管理办法 ················· 187
问题索引 ··· 190
参考文献 ··· 192

第一章 农村基础设施概述

第一节 农村基础设施

一、概念

农村基础设施是为发展农村生产和保证农民生活而提供的公共服务设施的总称。包括交通邮电、农田水利、供水供电、商业服务、园林绿化、教育、文化、卫生事业等生产和生活服务设施。它们是农村中各项事业发展的基础，也是农村经济系统的一个重要组成部分，应该与农村经济的发展相互协调。

二、内容

农村基础设施建设项目必须体现新农村建设的要求。这个"新"，突出表现在能够让农民在生产生活过程中与城里人一同享受现代文明进步成果，切实改善农村生产条件和改进农民生活方式，丰富农民的物质文化生活。从新农村建设的基本要求来看，基础设施建设的内容见图1-1。

图1-1 新农村基础设施建设包括的内容

（1）农村生产性基础设施。农村生产性基础设施主要是直接服务于农村生产发展的基本物质条件。它主要包括：农田水利工程、农村土地质量保持和提高、农村生态环境改善优化。

（2）农村生活性基础设施。农村生活性基础设施主要是直接服务于农民生活，改善农民生活现状和人居环境，美化村庄风貌，提高农民生活质量，提升农民物质文明水平，促进农民精神文明建设的物质条件。它主要包括：人居环境整治、农村饮用水安全工程建设、农村能源建设、村庄安全建设、广播电视电话网络建设、教育文化卫生体育设施建设。

（3）农村服务性基础设施。服务性基础设施主要是与农民生产生活密切相关，有利于改善农民生存和发展条件、扩大农村和农村经济的社会覆盖面、提升农村和农村经济的品质和综合实力、促进农村和农村经济持续发展的服务性物质技术条件。它主要包括：农村交通建设、农村信息化建设、农产品标准化建设、农村电力电网建设、农产品质量安全检测体系的建设等。

三、特点

（1）投资主体是政府。农村基础设施建设是各级政府共同承担的责任，应根据基础设施的层次性和收益范围，合理界定各级政府的责任。属于全国性的基础设施，应由中央财政提供；属于地方性和区域性的基础设施由地方政府提供，中央或其他地方提供协助。

（2）投资大，项目投资回收期长，成本高，收益低。新农村基础设施建设，按目前基本规划思路，实现建设基本到位至少需要 10~15 年时间，投入 5 万亿~8 万亿元的建设资金。筹集如此巨额的资金是一个突出的难题。为此，基础设施建设投资主体要充分发挥中央财政政策投资的引导作用，形成国家、地方、社会、农民共同参与的多渠道筹资机制。

（3）管理难度大。农村基础设施的服务对象主要是以村为单位的农民。从农村基础设施管理的总体情况看，目前农村基础设施建设基本上是谁投资、谁受益、谁管理，因而形成了政府、乡村和企业投资者都不愿意管或管不了的混乱局面。

第二节 新农村对基础设施的需求

一、基础设施在新农村建设中的地位与作用

加强农村基础设施建设不仅会改善农村的基础设施条件，提高农村的综合生产能力，而且会增加农民的就业机会和收入，是一举多得的好事情。

（1）加强农村基础设施建设是全面改善农村面貌的重要基础。由于受财力的限制，政府对农村提供的公共服务不足，农村的教育、卫生、文化等公共事业主要由农民和农村集体经济组织自己办，与城镇差距很大。目前，占全国总人口近60%的农村居民仅享用了20%左右的医疗卫生资源。因此，要全面改善农村面貌，必须加大农村基础设施投入。

（2）加强农村基础设施建设是发展现代农村的基础。现代农村就是以广泛应用现代科学技术为主要标志的农村，是彻底改变以手工劳动为主的生产方式，实现农村的专业化、规模化、集约化、社会化的大生产，要达到这一高水平、高标准，必须切实加强和完善农村基础设施建设。当前，随着经济社会的不断发展，与农村发展的要求相比，薄弱和落后的农村基础设施日益显现，已严重制约了农村和农村经济的快速稳定发展。在新的农村生产形势下，农村基础设施的完善与否，将直接影响和制约农村综合能力的提高，影响和制约农产品竞争力的提高，影响和制约农民收入水平的提高。可见，加强和完善农村基础设施建设在当前乃至今后都具有十分重要的意义。

（3）加强农村基础设施建设是增加农民收入的重要途径。当前，农民增收是农村经济发展中最为突出的问题。要解决好这一问题，一项重要举措就是加强农村基础设施建设。当前影响农

民增收的因素很多，主要有农村经济发展资金严重短缺，农民增收途径少；农村产业结构水平、效益低；农村推广工作薄弱，农村生产力水平低；农村市场规模小，就业门路窄等。这些因素都与农村基础设施建设有密切的关系。种植业结构和农村产业结构不合理，在很大程度上与农村水利、电力等设施不配套，生产条件没有得到根本改善有关。农村办企业，人才、资金、技术固然是必备条件，但没有电力、交通、通信等配套基础设施，企业就难以生存和发展。长期存在的农产品流通不畅，虽与农产品市场发育程度和流通体制有关，但是与仓储、交通、信息等硬件建设跟不上也是密切相关。农村劳动力过剩，重要原因在于农村资源综合利用开发程度低、多种经营发展缓慢、农民就业领域狭窄。上述问题的解决无一不与农村基础设施建设滞后有关。

二、新农村对基础设施建设的需求

但由于长期以来农村基础设施投资不足，加上农村基层组织管理功能有所削弱，农村基础设施建设还存在许多突出问题，导致广大农民对实用的农村基础设施建设有着迫切的需要，表现在以下两方面：

（1）随着城镇化发展和农村集约化水平的不断提高，广大农民对农村道路交通、村庄环境整治、农村自来水供应、污水及垃圾集中处理、农村教育、卫生、体育、文娱设施以及农村公共贮藏设施、农产品流通市场体系、农村信息平台等基础设施的需求明显增长。努力将传统村落建设成为交通便利、设施齐全、环境优美、乡风浓郁、宜居宜业、生活宽裕的社会主义新农村是当前新农村建设的重要内容。

（2）现代农村的发展和农村技术的快速进步，要求配套设施不断跟进和完善。如农村基础科技研究、农村先进技术推广体系、传播性病虫害防治、畜禽防疫网建设、优良品种引进和培育、动植物种植资源保护、农产品质量安全体系、农村电网和通信设施、农村信息网、清洁水资源开发建设、清洁能源供给等公共产品需求不断增长。

第三节 基础设施建设中存在的问题与解决途径

一、存在的问题

(1) 资金投入不足，来源渠道单一。首先，虽然各级财政对农村基础设施建设的投入每年均有所增加，但相对于农村经济发展对基础设施的要求来说还是不够的。其次，农村基础设施建设耗资巨大，来源单一。近年来，农村"五通"工程筹集主体主要为上级、本级财政和农民集资，政府承担很大的投资压力，而相当部分村庄几乎无集体经济，村民无力承担建设资金，因而导致农村"五通"工程从行政村向自然村推进受到一定影响。

(2) 农村基础设施结构仍需调整。从发展农村生产的角度看，直接改善农村生产条件的基础设施建设投入仍然不足。国家增加了水利建设投资，但主要用于大江大河治理和大型水利工程建设，真正用于农田水利建设的资金并不多，现有农田水利工程大多老化失修，设施不配套。基础设施建设落后，已经成为制约农村发展的重要因素。

(3) 农村生产基础设施依然薄弱。现有的农田水利工程相当一部分已超过规定使用年限，老化失修严重，设施不配套，效益衰减。目前，全国农田有效灌溉面积约占耕地面积的46%，机电排灌面积不足30%，农村灌溉用水平均利用系数只有0.45。另外农村安全饮水、公路建设、电力以及清洁能源等还存在不足。

(4) 基础设施管理和利用不高。从国际经验看，维修保养不足是许多发展中国家基础设施建设中的通病，而且损失巨大。基础设施总量不足与局部"浪费"并存，存在"所建非所用"的现象。加之基础设施的多头管理、互相不配套现象严重，许多基础设施如一些水利设施及乡村道路、管线等没有资金进行经常性的维修改造，不能充分发挥作用。

（5）农民基本生活条件依然落后。一是随着生活水平提高和全面建设小康社会的推进，农民迫切要求改善人居环境和村容村貌。目前有40%的村庄没有集中供水，60%的村庄没有排水沟渠和污水处理，90%的村庄没有消防设施，垃圾随处丢放。二是农村饮水安全问题不容乐观。以水质、水量、用水方便程度、供水保证率等饮水安全的指标衡量，全国还有3亿多农村人口饮水未达到安全标准。三是农民生活燃料结构不合理。在农村生活燃料消费结构中，秸秆占30%，薪柴占25%，两者合计比例高达55%，一直是大部分农村地区生活燃料的主体，而沼气、太阳能等清洁能源的比重还非常低。我国年产农作物秸秆6.2亿吨，其中有35%约2.2亿吨剩余秸秆未被利用，开发前景广阔。

（6）农村经济服务设施亟待健全。一是农村道路问题还没有得到很好解决。农村路网和运输服务体系起点低，覆盖能力和技术状况都面临相当大的压力，成为制约农村发展的主要因素。很多农村公路晴通雨阻，抗灾能力低，路况差，缺桥少涵的问题比较普遍。二是农产品安全生产服务体系不健全，农村抗灾减灾能力不强。近5年来，全国粮食作物遭受自然灾害面积、成灾面积和绝收面积分别占粮食播种面积的39%、23%和6%，年均造成粮食损失250亿公斤左右。三是有相当数量的农村人口还用不上电。目前农村电力设施供给不足的矛盾还相当突出，中西部地区农村电网还比较薄弱，全国还有约2000万农村人口用不上电。四是农产品国际竞争力不强。农村生产的信息化、标准化建设严重滞后，面对激烈的市场竞争，不少农村显得无可奈何。

二、解决途径分析

（1）要制定和完善农村基础设施建设规划。要在"十一五"规划纲要的指导下，按照科学发展和规划先行的原则，把规划编制作为开展基础设施建设和国家安排补助资金的前提和重要依据来抓。一要坚持科学布局。在当地经济和社会发展规划的指导下，按照主体功能区规划要求，充分考虑产业空间布局、农村劳动力转移等情况，加快划分区域内生态保护区、工业开发区、农村发展区，科学编制相应的基础设施建设规划。二要坚持各项规划之间的配套协调。把基础设施建设规划与县域总体规划、土地利用总体规划、村镇建设规划、村庄布局规划以及各专项规划有机结合起来；着力提高建设效果。三要坚持长远性目标和阶段性任务结合。在确定中长期建设目标的同时，明确近期的发展方向和建设重点，增强基础设施建设的计划性和项目安排的系统性。四是坚持专家意见与村民代表意见相结合。要结合农村实际，制定出便于操作和实用的农村基础设施建设规划。五要改革规划管理体制。把基础设施的规划纳入规划部门统一管理，促进城市基础设施规划向农村延伸。

（2）改善投资方式。社会主义新农村建设中筹集基础设施建设资金来之不易，各级政府要制定相应的办法，让有限的资金发挥最大的效益。一是运用新型财政资源资金运作方式，积极探索"政府出资、市场运作"的新型资金运作模式，更多地依照规定采用补贴、贴息、奖励、物资援助、风险补偿、减免税费、购买服务等政策和激励措施，把资金、物资用到农民直接受益的项目上。二是政府补助资金要有重点的倾斜区分。对具有开展价值的古村应重点扶持发展，对地域偏僻，人员少，经济条件差而农民积极性很高的村，农村基础设施建设补助应予以倾斜。三是创新思路，鼓励农民自主建设。其一是村内成立新农村建设理事会，负责农村基础设施建设资源的管理、项目实施、建章立制等具体事务；其二要尽快制定一些可操作性的方案和优惠办法，比如：实物补贴要"统一扶持标准"，优选扶持对象，补助以物代资，调动农户投入的政府支持的原则，改变过去政府资金拨付办法，积极推广实物补助的方法，资金补助要公开补助标准，提高政策透明度。

（3）建立和完善农村基础设施建设和管理新机制。一是建立和完善农村基础设施建设新机制。按照"统一规划、统筹安排"的原则，以农村基础设施建设规划为依据，加强统筹协调，整合各项农村基础设施专项资金，提高资金使用效率。二是建立农民投资投劳新机制。对政府重点支持的农村基础设施工程，以村为基础对筹资筹劳进行"一事一议"，按照乡（镇）协调、分村议事、联合申报、统一施工、分村管理资金与劳务、分村落实建设任务的程序和办法实施。根据受益主体和筹资筹劳主体相对应的原则，在不影响整体利益和长远规划的前提下，可按受益群体议事。要加强资金和劳务的监管，实行民主管理，接受群众监督。严禁强行以资代劳或变相加重农民负担。三是完善农村基础设施维护管理新机制。推进农村基础设施维护管理体制改革。按照"谁投资、谁受益，谁所有、谁管护"的原则，推进中小型农村基础设施产权制度改革，明晰工程所有权，落实工程建设和管护责任，确保工程的有效运行维护。

第二章 农村基础设施建设融资

第一节 概 述

农村基础设施建设融资是指建设所需资金筹集的行为与过程。简单地说,就是各地广大农村根据本村基础设施建设情况、自身资金拥有情况,通过预测和决策,从有关渠道筹集资金,组织资金的供应,以保证基础设施建设需要。

农村基础设施融资渠道主要包括:
(1) 国家支农资金;
(2) 地方政府扶持资金;
(3) 银行贷款;
(4) 民间自有资金等见图 2-1。

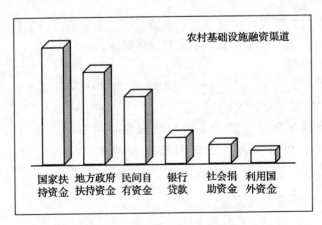

图 2-1 农村基础设施融资渠道

国家和地方各级财政是建设资金来源的主要渠道,但数额有限，其余资金需要银行和农民自身给予支持。

农村基础设施融资需要承担一定的风险。融资风险，指的是在融资过程中，对于融资目标可能产生的不利因素发生的概率及其后果。常见的融资风险包括完工风险、管理风险等。完工风险是指农村基础设施建设项目无法完工、延期完工或者完工后无法达到预期运行标准而带来的风险。项目的完工风险存在于项目建设阶段和试运行阶段，它是项目融资的核心风险之一。完工风险意味着利息支出的增加、贷款偿还期限的延长和市场机会的错过。从完工风险存在和发生的主要原因来看，承包商在管理和控制完工风险中起了主要作用。因此，选择实力雄厚、信誉良好的承包商是减少完工风险的关键。管理风险主要表现为融资工作质量差、效率低，缺乏融资战略和技巧，致使融资工作难以完成带来的风险。从农村基础设施项目开发到运营，每一环节都要求相关管理人员有较高的整体驾驭能力和丰富的管理经验。

资金是农村基础设施建设的强大支撑。解决好资金问题，才能保证建设的顺利进行。

农村基础设施融资渠道和申请国家基础设施建设项目资金申报办法将在本章第二节和第三节详细阐述。

第二节 农村基础设施建设资金来源

农村基础设施融资渠道包括国家扶持资金、地方政府扶持资金、银行贷款、民间自有资金等等，全部内容参见图2-1。

一、国家扶持资金

当前，我国的经济社会发展总体上已经进入以工促农、以城带乡的新阶段。在这个阶段，只有实行统筹城乡经济社会发展的策略，才能促进社会主义新农村的建设。农村基础设施建设是各级政府共同承担的责任,应根据基础设施的层次性和收益范围,合理界定各级政府的责任。属于全国性的基础设施,应由中央财政提供,属于地方性和区域性的基础设施应由地方政府提供,中央或其他地方提供协助(财政转移支付)。在现有的财政体制下,为提高农村基础设施建设力度,加大公共基础设施供给,可考虑加大中央财政向地方财政、省财政向县财政的转移支付力度,以保证各地区建设资金投入。

随着近年来我国公共财政增量重点向农村倾斜。财政部门将按照多予、少取、放活的方针,让农民更多地享受发展和改革所取得的成果。财政部将建立一个财政支农资金稳定增长的机制。通过调整财政支出的存量,同时把增量重点向农村倾斜,不断地加大对农村和农业的投入,使建设社会主义新农村有一个稳定的资金来源。国家用于农村基础设施建设的扶持资金主要包括村村通公路建设补助、沼气池建设补助、农村改水、改厕工程补助,农村危房改造及棚户区改造投入和农村小学改造建设等。表2-1是国家扶持专项资金及支持重点。

几个重要的国家扶持专项资金及支持重点 表2-1

序号	资金名称	支持额度	支持地区与支持项目	受益面	管理部门
1	沼气池建设补助	2003~2007累计80亿;2008年20亿;2009年100亿		2003~2007年,在7.3万个村建设823万户沼气。至2006年底,全国农村沼气已达2200万户 2009年,每年解决400万到600万农民家庭使用沼气	农业部发展改革委

续表

序号	资金名称	支持额度	支持地区与支持项目	受益面	管理部门
2	农村环保专项基金	2008年5亿，2009年10亿	重点支持位于水污染防治重点流域、区域以及国家扶贫开发工作重点县范围内，群众反映强烈、环境问题突出的村庄	2008年：支持700个村镇2009年：10亿元中，约9.2亿元用以支持1200多个环境问题突出的村庄开展环境综合整治。其中，近70%的村庄位于水污染防治重点流域、区域和国家扶贫开发工作重点县范围内；约0.8亿元用以支持170多个全国环境优美乡镇、国家级生态村开展生态示范建设，将有超过900万群众直接受益	环境保护部财政部发展改革委
3	农村饮水工程补助	1998~2010年总投资1000亿	重点解决高氟、高砷、苦咸水、污染水和严重缺水等地区饮水安全，力争2020年全国农村人口全部喝上放心水	2000~2008年，全国共投入618亿元，解决了1.6亿农村人口的饮水困难和安全问题。仅在2008年，全国解决了4824万人饮水问题。2009年将解决6000万以上农村人口饮水安全问题	财政部水利部
4	农村电力村村通工程	1998~2010年第一批投入1893亿，第二批1000亿	全国范围内无电行政村	第一批工程已经覆盖全国所有2400多个县，使1380万无电人口用上了电，全国农村低压线损率从改造前的20%~30%降到了12%以下。全国50%以上的县实现了县内居民生活用电同价。预计2009年年底基本完成农村电网改造任务	国家电网公司

续表

序号	资金名称	支持额度	支持地区与支持项目	受益面	管理部门
5	农村广播电视"村村通"工程补助	1998～2010年投入200亿以上	全国71.66万个20户以上已通电自然村	"十一五"期间，全国要完成71.66万个20户以上已通电自然村覆盖任务，共需投资108亿。国家发改委将分年度安排34亿建设补助	信息产业部
6	农村危房改造试点补助资金	2009年40亿	河北、山西、内蒙古、辽宁、吉林、黑龙江、陕西、甘肃、青海、宁夏、新疆	2009年中央投资，涉及中西部地区950个县，1.5万户农房建筑节能示范项目。中央补助标准为每户平均5000元	住房和城乡建设部发展改革委

二、地方政府扶持资金

这也是农村基础设施建设主要的资金来源之一。目前，我国很多地方政府都建立了村庄整治专项扶持资金，支持村庄整治和农村人居环境建设。

对于国家支农基础设施建设项目资金和地方政府扶持资金，要强化农口部门争资立项的责任，将争资立项工作纳入目标管理考核体系，各部门每年从上级争取的资金必须达到规定的水平，以此来督促各级干部积极争取中央和地方的支农资金。

另外，中央直接和间接分配与管理支农投资的有近20多个部门，县级政府分配管理支农投资的部门也有10多个。各种支农投资基本上都是以"条条"为主管理，主管部门之间缺乏沟通，致使不同渠道的政府支农投资，在使用方向、项目布局、建设内容等方面不同程度地存在交叉、重复。解决新农村基础设施建设资金不足问题，必须重视并切实解决各种政府支农投资协调整合问题。各部门要相互配合，加大支农财力资源整合力度，集中力量办大事，提高资金使用效率。

三、银行贷款

新农村建设离不开农村金融的支持。由于农村基础设施的投资成本大，收益低，投资回收期长等特点，国有商业银行虽然在农村设点吸收存款，但对农村的信贷投放极少，国有商业银行逐步退出农村市场，大量的存款资金以贷款的方式转移到城市。其他各商业银行也只对风险小、收益高的农业龙头企业提供信贷支持，且支持力度不足。原来作为农村金融主渠道之一的农业银行逐步走向商业化经营，向现代银行演变，大大削弱了农村金融支持力度。农业发展银行对农业的放贷范围狭小，只限于流通领域中农业种植业的粮、棉、油，不对农户直接放贷，只对粮食收购企业放贷。在新农村建设中还有一条不容忽视的资金投入渠道，那就是信贷投入。在农民收入还不够高的情况下，信贷投入是建设新农村一条最现实的投入渠道，信贷投入主要靠农村信用社，只有信用社才能解决农民资金不足的问题。

四、民间自有资金

农村基础设施建设既需要政府的投入和政策的引导，又需要充分调动广大农民的积极性和创造性。各地的基础设施建设要充分征求和吸纳农民群众的意见，引导农民投工投劳、投资投物，参与农村基础设施建设。既然农民是主体，农民的投入所占的比例相对就应该大，起码要占到50%以上，这既是农民建设自己美好的家园，也是国家财力状况的现实。在这方面，要教育广大农民特别是村干部，要坚决克服"等、靠、要"的依赖思想，在力所能及的前提下，积极投资，建设家园。以山西洪洞县为例：该县辛村乡白石村、甘亭镇天井村、堤村乡小河村就属于此类，他们都是农民自己投入，白石、天井种的是芦笋，小河种的是草莓。

第三节　国家扶持资金及申报方法

新农村基础设施建设中,国家基础设施建设项目资金申报办法介绍如下:

一、农村生活基础设施建设

1. 农村饮水安全工程项目资金申报

农村饮水安全问题的范围,主要指解决农村(包括牧区、渔区和农村学校)人口的生活用水。凡因开矿、建厂及其他人为原因造成水源变化、水质污染引起的农村饮水安全问题,由责任单位或责任人负责解决。中央补助资金重点向中西部地区倾斜,东部地区以自筹资金为主解决。例如2008年中央安排农村安全饮水财政资金64亿元,中央补助比例:西部平均68%,中部45%,东部16%,其余资金由地方政府及群众自筹。

申投程序:

(1) 乡镇政府在调查的基础上,配合县水利部门搞好农村饮水安全问题调查;

(2) 县水利部门、发展改革部门联合进行安全规划;

(3) 县发改委和县水利部门根据批准的规划编制投资建议计划;

(4) 市发改委、水利部门按单项工程或综合项目编制可行性报告并上报省;

(5) 省发改委批复可行性报告;

(6) 省、市发改部门和水利部门联合行文上报本省、市的投资建设计划;

(7) 国家发改委下达投资计划;

(8) 县水利、发改部门根据下达的投资计划联合编制实施方案;

(9) 批准实施。

申报方法：

所在村向当地乡镇政府申请安全饮水工程，所在乡镇政府向发改、水利部门申请，县发改、水利部门编拟农村安全饮水规划、投资建议计划、实施方案、环境影响评价、工程所需土地证明、配套资金证明。

申报资金：

2008年中央安排农村安全饮水财政资金64亿元，中央补助比例：西部平均68%，中部45%，东部16%。其余资金由地方政府及群众自筹，并且地方基础设施建设资金的申报方法因地而异，所以需要按照各地具体的申报方法执行。

2. 农村公路建设

农村公路，包括县道、乡道和村道。农村公路建设应当依据农村公路建设规划和分阶段建设重点，按照简便适用、切合实际的原则和国家规定的程序组织建设。农村公路建设应当由地方人民政府负责。其中，乡道由所在乡（镇）人民政府负责建设；在当地人民政府的指导下，村道由村民委员会按照村民自愿、民主决策、一事一议的方式组织建设。村公路建设逐步实行政府投资为主、农村社区为辅、社会各界共同参与的多渠道筹资机制。

申报程序：

（1）村所在乡镇向县（市）发改、交通部门申请；

（2）县（市）发改、交通部门在调查的基础上，根据本辖区农村公路改造规划层层上报年度投资建设计划；

（3）省（市）发改和交通部门编制本省（市）的农村公路改造工程的五年计划；

（4）市（县）发改部门和交通部门组织委托具有一定资质的工程咨询单位编制项目可行性研究报告并上报省（市）；

（5）省（市）发改部门征求交通部门的意见后，上报国家发改委审批；

（6）国家发改委下达年度投资计划。

申报材料：

申请报表、可行性报告、环境影响评价、土地证明、配套资金证明。

资金来源：

2008年国家安排农村公路改造工程中央投资203亿元，中央补助标准为：东中部地区村通公路每公里10万元，西部村通公路每公里40万元。

3．中西部农村电网完善工程

申报程序：

（1）村所在乡镇向县（市）申请；

（2）县（市）编制农网完善"十一五"规划，并编拟项目可研报告；

（3）省发改委批复可研报告；

（4）每年七月省（市）发改委将下一年度的投资建议计划上报国家发改委。

申报材料：

申请报表、可行性研究报告、环境影响评价、土地证明、配套资金证明。

资金来源：

2008年中央安排中西部农网完善工程投资45亿元，中央对贫困县按50%补助，其他县（市）按20%补助，其余由地方自筹。

4．农村沼气建设

农村沼气建设有四项建设内容，包括农村户用沼气工程、规模化养殖场大中型沼气工程、工程支撑及服务体系建设。以"一池三改"为基本单元，即户用沼气池建设与改圈、改厕和改厨同步设计、同步施工。"一池三改"的基本要求：

沼气池。建设容积为 $8m^3$ 左右，重点推广"常规水压型"、"曲流布料型"、"强回流型"、"旋流布料型"等池型，每种池型均要实现自动进料，并应配备自动或半自动的出料装置。

改圈。圈舍要与沼气池相连，水泥地面，混凝土预制板圈顶。北方地区要建成太阳能暖圈，并采取保温措施。

改厕。厕所与圈舍一体建设,与沼气池相连。厕所内要安装蹲便器。

改厨。厨房内的沼气灶具、沼气调控净化器、输气管道等安装要符合相关的技术标准和规范。厨房内炉灶、橱柜、水池等布局要合理,室内灶台砖垒,台面贴瓷砖,地面要硬化。

一个"一池三改"基本建设单元,中央投资补助标准为:西北、东北地区每户补助1200元,西南地区每户补助1000元,其他地区每户补助800元。补助对象为项目区建池农户。申请农村沼气项目建设的县要具有沼气生产技术力量,每个项目县持有"沼气生产工"国家职业资格证书的技术人员不少于20人。

申报程序:

(1)由乡镇政府根据群众要求向县发改委、农业局申请;

(2)以县为单位编拟可行性研究报告,由县发改委、农业部门联合行文层层上报到省发改委、农业部门;

(3)省发改部门征求农业部门意见批复可研报告;

(4)省发改、农业部门向国家发改委、农业部门申请投资。

申报材料:

申请报表、可行性研究报告、环境影响评价、土地证明、配套资金证明。

资金来源:

2008年,中央共安排27亿元用于农村沼气建设。其中,农村户用沼气23.6亿元,每户补助标准:西北和东北地区1200元,西南地区1000元,其他地区800元。大型沼气工程安排1.8亿元,每个项目投资补助标准:东部地区70万元,中部地区100万元,西部地区130万元。

5. 以工代赈政策

以工代赈,是指政府投资建设基础设施工程,受赈济者参加工程建设获得劳务报酬,以此取代直接救济的一种扶持政策。现阶段,以工代赈是一项农村扶贫政策。国家安排以工代赈投入建设农村小型基础设施工程,贫困农民参加以工代赈工程建设,获得劳务报酬，直接增加收入。

以工代赈投入重点建设与贫困地区经济发展和农民脱贫致富相关的农村小型基础设施工程。建设内容是县乡村公路、农田水利、人畜饮水、基本农田、草场建设、小流域治理，以及根据国家要求安排的其他工程。国务院发展改革部门按照规定下达财政预算内以工代赈项目管理费，用于地方以工代赈项目管理。以工代赈项目管理费严格按照规定专款专用。

申报程序：

（1）村所在乡镇向县发改、扶贫机构申请；

（2）县发改部门编制本地区以工代赈政策五年计划；

（3）县发改部门会同扶贫部门根据以工代赈五年计划和本地区实际，建立项目储备库，并向上级发改部门提出年度建议投资计划；

（4）省发改部门下达项目计划。

申报材料：

包括申请报表、可行性研究报告、环境影响评价、土地证明。

资金来源：

2008年，国家安排以工代赈投资45亿元，主要用于小型农田水利设施、基本农田建设、乡村道路、人畜饮水、小流域治理等建设项目。

6. 易地扶贫搬迁试点工程

目前尚未解决温饱问题的贫困人口中，相当一部分生活在自然条件极为恶劣、人类难以生存的地方，需要通过易地搬迁的办法从根本上解决这部分群众的脱贫和发展问题。

为确保试点工作在不同条件下取得成效，在西南、西北分别确定有一定代表性的省区开展试点，并在贫困地区确定迁出地的范围。考虑到试点省区的情况各有不同，具体的补助标准根据不同情况另行确定。试点工程所需资金由国家和地方共同负担，在条件允许的情况下，搬迁群众可承担部分费用。

申报程序：

（1）县发改部门编制扶贫搬迁计划；

（2）依据规划建立项目库，做好项目储备上报；

（3）县依据规划因地制宜编制实施方案上报；

（4）省级发改部门依据各地上报的项目向国家发改部门提出年度安排的建议计划；

（5）国家发改委下达投资计划后，县级发改部门负责组织实施。

申报材料：

资金申请报表、项目储备材料、实施方案、环境影响评价、土地证明、配套资金证明。

资金来源：

试点工程所需资金由国家和地方共同负担。在条件允许的情况下，搬迁群众可承担部分费用。国家安排的资金从国债资金中解决，地方资金由地方机动财力等渠道解决。其他方面的资金如退耕还林还草、天然林保护、生态环境建设以及以工代赈资金等可以与之结合。

2001～2007年累计安排专项资金79亿元，2008年国家投资12亿元，主要用于搬迁群众必要的生产设施和生活设施，包括住房、水利设施、基本农田、乡村公路及必要的教育文化卫生设施。

二、农村社会发展基础设施建设

1. 农村教育设施建设

申报程序：

（1）县发改、教育部门制定建设计划；

（2）依据上级政策逐级上报，发改和教育部门联合行文；

（3）发改部门根据本地区的建设实际，建立项目储备库，并向上级发改部门提出年度建议投资计划；

（4）省发改部门下达项目计划。

申报材料：

包括申请报表、可行性研究报告、环境影响评价、土地证明。

资金来源：

农村教育设施建设所需资金由国家和地方共同负担。2008年，中央财政用于教育保障机制改革的资金达到570.4亿元。自"两免一补"以后，2007年又大幅度增加奖助学金经费。从高中阶段教育到大学教育，过去全国奖助学金加在一起仅有18亿，2008年将达到200亿元左右，今后还要逐年增加。

2. 农村卫生设施建设

申报程序：

（1）县发改、卫生部门联合行文逐级上报；

（2）国家发改委依据《农村卫生服务体系建设与发展规划》下达投资计划；

（3）依据投资计划编拟实施方案，经批复后施工。

申报材料：

包括申请报表、可研报告、环境影响评价、土地证明、配套资金证明。

资金来源：

所需资金由国家和地方共同负担。2008年中央安排专项资金27亿元，用于乡镇卫生院、县级医疗机构建设、村卫生室建设等。中央资金补助标准：西部地区80%，中部地区70%，东部地区30%。

3. 农村计划生育服务体系建设

2008年，国家发改委安排中央资金4亿元，支持农村基层计划生育服务体系设施建设。

申报程序、申报材料同上。

三、农村文化体育设施建设

1. 广播电视村村通工程

申报程序：

（1）由村向所在乡镇申请，以乡镇为基本单位实施；

（2）以县为单位统一制定实施方案上报；
（3）实施方案经批准后实施。

申报材料：

申请报表、实施方案、环境影响评价、土地证明、地方配套资金证明。

资金来源：

资金由国家和地方共同负担。2008年，中央安排9亿元，地方配套21.4亿元，完成20.26万个20户以上广播电视村村通建设。

2．乡镇综合文化站建设

申报程序：

（1）由所在乡镇申请，以乡镇为基本单位实施；
（2）县文化部门编制可研报告，以发改、文化部门联合行文逐级上报；
（3）发改部门审批可研报告，下达投资计划。

申报材料：

包括申请报表、可研报告、环境影响评价、土地证明、地方配套资金证明。

资金来源：

乡镇文化站建设资金由中央和地方政府共同负担，中央补助根据不同地区在12万~24万元之间，县级两管建设项目每个补助75万元。

3．农民体育健身工程

申报程序：

（1）以乡镇为基本单位，向县主管部门申请；
（2）先由主管部门行文逐级上报。

资金来源：

2008年，中央投资1.2亿元，中央体育新增公益金5亿元。

第三章 农村基础设施建设投资

第一节 概 述

一、农村基础设施建设项目投资的含义与特点

(1) 农村基础设施建设项目投资的含义。

农村基础设施建设投资是指利用中央、地方预算内基建拨款、自筹资金、国内外基础设施建设项目贷款以及其他专项资金进行的以扩大生产和再生产能力为主要目的的新建、扩建、改建工程及有关工作。即指建筑、购置和安装固定资产的活动以及与此相联系的其他工作。

基础设施建设投资可以理解为基础设施建设项目资金的投入过程；也可以理解为以货币形式表现的基础设施建设项目工作量，是反映基础设施建设项目规模的综合性指标。

基础设施建设投资包括：新建投资项目、改建投资项目、扩建投资项目和恢复投资项目。

新建投资项目，是指从无到有，或在原有单位之外新开始建设的项目。而原有的固定资产的基础较小，项目建成后的固定资产的价值超过原有固定资产价值3倍以上的，也视为新建项目。

扩建投资项目，是指在原有的单位规模的基础上，以扩大生产场地的办法来增加新的生产能力的建设项目。

改建投资项目，是指原有单位为提高产品质量、节约能源、降低原材料的消耗、改变产品结构、改革生产工艺、提高技术水平而进行整体技术改变的建设项目。

恢复投资项目，是指在自然灾害、战争等损害之后，恢复原

有固定资产规模的建设项目。

（2）农村基础设施建设项目投资的特点。除了投资数额多、影响时间长、变现能力差等基础设施建设项目投资的一般特点之外，与城市的基础设施建设项目投资相比，农村的生产性基础设施建设投资和非生产性基础设施建设项目投资都有不同的特点。首先，国民经济的基础产业——农村（种植业、林业、牧业、渔业）生产的一个显著特点是其劳动对象是有生命的动、植物，种植业的主要生产资料是土地，农村生产的工作场所与城市的工厂、商店有很大的不同，这些特点决定了农村生产性基础设施建设投资项目必须与农村生产的特点相适应；其次，农村的非生产性基础设施建设投资必须与农民的生活环境、生活条件、生活习惯相适应，具有明显的地域特色。

二、农村基础设施建设项目投资的构成

1. 农村基础设施建设项目投资的种类

（1）按投资项目的内容分类。农村基础设施建设项目投资包括生产性项目投资和非生产性项目投资。生产性项目投资主要包括农村基础设施项目投资和其他产业项目投资。农村基础设施项目投资包括农田基础设施投资（农田水利、田间道路等）、林业、牧业、渔业基础设施建设投资等。非生产性项目投资主要指与农民生活有关的基础设施建设项目投资，包括水、电、暖、气、道路及其他公共基础设施建设项目投资。目前，农村基础设施建设投资项目主要集中在道路、水利基础设施、学校改造、医疗机构建设等方面。从长远看促进农村产业化的基础设施以及水、电、暖、气等生活性农村基础设施建设项目将有很大的投资需求。

（2）按对农村发展的影响分类。农村基础设施建设投资可以分为战略性投资和战术性投资。战术性投资是指不涉及整个农村前途的投资。战略性投资是指涉及农村发展方向与前途的投资。如为改善农村生产工作环境、农民生活环境的投资目前均应属于战略性投资，这涉及打破二元经济与社会结构的问题。农村基础设施建设投资是一项巨大的系统工程，在新农村建设中占有重要的、关键的地位。应仔细分析战略性投资与战术性投资，而且战略性投资要谨慎、稳步进行。

（3）按投资决策类型分类。农村基础设施建设投资可以分为采纳与否的投资和互斥选择投资。采纳与否的投资是指不存在不同项目的选择，就一个项目判断行与不行。互斥选择投资是指两个或两个以上项目只能选择其一。

（4）按投资项目之间的相互关系分类。农村基础设施建设投资可以分为相关性投资与非相关性投资。这种分类有时候具有一定的相对性。

2. 农村基础设施建设项目投资的构成

农村基础设施建设项目投资的工作内容主要有：基础设施建设项目投资的规划与计划（包括区域规划和城市规划）；资源的开发勘测与研究工作；基础设施建设项目投资的勘察、设计、土地征用、拆迁补偿、建筑、安装、设备购置等；其他与基础设施建设投资有直接关联的工作。农村基础设施建设项目投资包括：

（1）规划与计划阶段的资金投入。主要包括规划与计划阶段的科学研究及试验费、调研费、勘测费、攻关费、配套费等；

（2）所需要进行的全部基础设施建设项目投资。包括各种永久性和临时性的建筑物、构筑物、设备基础等的准备工作和施工工作投资；水、电、暖、气、卫等设备的安装投资；与之有关的交通桥梁工程、电力线路工程及水利绿化工程等的投资；

（3）各种大型设备的安装工程投资，包括为生产、动力、起重、运输、传动、实验等所需的各种机械设备的装配、安装、防护及试车等投资；

（4）项目内的各种材料、设备、工具、器具等的购置投资；

(5) 与之连带有关的其他建设投资,包括干部和工人的培训、征用土地及机构筹备等费用。

三、农村基础设施建设项目投资的程序

农村基础设施建设项目投资程序如图 3-1 所示。

(1) 投资项目的提出。财政资金进行的农村基础设施建设投资,一般由管理层提出战略性的投资项目,各级管理部门和相关生产部门领导提出战术性和维持性的投资项目。其他资金进行的投资一般由经营者提出。

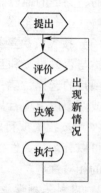

图 3-1 农村基础设施建设项目投资程序

(2) 投资项目的评价:① 把提出的投资项目进行分类,为分析评价做好准备;② 计算有关项目的预计收入和成本,预测投资项目的现金流量;③ 运用各种投资评价指标,把各项投资按可行性的顺序进行排队;④ 写出评价报告,请上级批准。

(3) 投资项目的决策。由农村基础设施建设投资项目决策部门进行投资审批决策。一般有三种决策:① 接受这个项目,可以进行投资;② 拒绝这个项目,不能进行投资;③ 发还给项目的提出部门,重新调查后,再做处理。

(4) 投资项目的执行。在投资项目的执行过程中,要对工程进度、工程质量、施工成本进行控制,以使投资按预算规定保质如期完成。

(5) 投资项目的再评价。在投资项目的执行过程中,应注意原来做出的决策是否合理、正确。一旦出现新的情况,就要随时根据变化的情况做出新的评价。

第二节 影响基础设施建设项目投资的因素

一、农村基础设施建设投资的现状

在过去改革开放的20多年中,我国主要进行的是微观经济体制改革。在农村,主要是通过实行调动农民积极性的政策,激活了农民的活力,培育了市场主体,使农民在发展市场经济中增加了收入。如今微观市场经济体制已基本建立,农民的市场经济意识都已经非常强,凡是市场机制和农民自身能够解决的发展经济、增加收入的问题,基本纳入到了市场经济的良性运行轨道。但宏观体制和社会领域的改革明显滞后,城乡二元经济、社会结构尚未根本消除,农村的社会事业、社会保障、基础设施等公共服务供给严重不足。也就是说,农村基础设施建设项目投资中可以市场化运作而且有很好的投资回报的小型建设项目农民可以解决,但建设投资规模大的、农民解决不了的以及市场化运作难或者不能市场化运作的项目百废待兴,存在很大的投资缺口。

近几年,农民的生活有很大改善,有很多村家家安土暖、烧罐装液化气、利用机井安装简易自来水设施。村委会通过集资、与村里在外面工作的村民联系请求赞助等多种方式筹集资金进行村际、村庄道路建设,取得了明显效果。但也存在一些问题,有些村的道路建设质量、标准等都太差,很多建设都缺乏一个整体的计划与设计,这恰好反映了我国农村基础设施建设投资的问题,应该结合公共财政体制建设,很好地研究农村基础设施建设项目投资问题、融资问题,使农村基础设施建设投资能够稳步、健康发展。

二、农村基础设施建设投资的影响因素

影响农村基础设施建设投资的因素很多,总结如下:

(1) 当地的自然、经济、文化基础。在农村基础设施建设投资过程中要坚决杜绝大呼隆、一阵风、一刀切的思想和观念,

必须立足当地的自然条件和经济、文化基础，因地、因时制宜地进行。通过农村基础设施建设切实改善农村的生产条件、生活条件，处理好生产与生活的关系，在农村基础设施建设过程中使农民应有的权益体系逐步得以建立。

（2）宏观政策与体制。宏观政策与体制是影响农村基础设施建设投资的关键因素，如前所述，新农村建设、农村基础设施建设、建设公共财政体制是相互联系的、相互制约的。如果能处理它们相互之间的关系，就能相互促进，协调发展。如果处理不好，就会相互阻碍。农村基础设施建设是新农村建设和公共财政体制建设过程中的关键问题，投资的重点是缩小城乡差距、缩小农民与城镇居民的差距，让农民参与工业化、城市化，并享受工业化与城市化的成果，实质问题就是要赋予农民与城市居民同样的权益，彻底打破城乡分离的二元经济与社会体制，这就决定了农村基础设施建设的主导力量是政府。社会发展要求以城市带动农村，以工业支持农业。农村基础设施建设的重点应该放在提高农村生产条件，改善生产与生活环境上。财政投资是农村基础设施建设的主要资金来源。农村基础设施建设要有重点、有计划、因地制宜的进行，决不能一哄而上，浪费社会资源。

（3）农民的积极性。在资金短缺的情况下，有些农田基础设施项目工作还需要组织农民进行建设，处理好农田基础设施建设项目与减轻农民负担的关系。如果建设新农村确实让农民看到了美好的生产、生活前景，农民会非常愿意加入到农田基础设施建设项目的行列之中。

（4）金融机构的资金支持。农村金融体制应该随着国家宏观政策和社会、经济体制进行相应的改革，拓展业务、创新手段，为可以市场化运作的农村基础设施建设提供资金的支持与服务，同时促进农村金融业的健康、持续发展。

（5）农村基础设施建设的现状与存在的问题。农村基础设施建设投资要根据自然、社会、经济规律，立足当地的现状循序渐进地进行，必须认真分析当地农村基础设施建设的现状、存在的问题，抓住建设的重点和关键，力求把有限的建设资金用在最需要的地方。

总之，农村基础设施建设必须综合考虑各方面的影响因素，在资金紧缺的情况下，认真分析建设项目的必要性、可行性、先进性、经济性、适用性，把建设资金用在关键的地方，使农村基础设施建设发挥其应有的重大作用，使农村基础设施建设投资稳步进行。

第三节 农村基础设施投资的时间价值

一、资金时间价值的概念及产生

把 1 元钱存入银行，假若存款年利率为 3%，一年后存入的 1 元钱就变成了 1.03 元。由于时间的原因，1 元钱产生了增值，0.03 元就是 1 元钱一年的时间价值，如图 3-2 所示。如果你进行过银行按揭贷款，你就会注意到在整个还款期内你所支付的货币资金之和远大于当初你从银行取得的贷款。我们把多支付的这部分资金叫做利息，而利息就是资金时间价值的一种体现。随着时间的推移，资金将会发生增值，人们将资金这种在使用过程中随时间的推移而发生增值的现象，称为资金具有时间价值的属性。但是并非任何资金都存在着时间价值。如资金所有者把钱放在保险箱里，不管放多长时间都不会有分毫的增加，只有将资金作为资本投入到生产经营活动中才能产生时间价值。所以资金的时间价值是资金在周转使用中产生的，是资金所有者让渡资金使用权参与社会财富分配的一种形式。

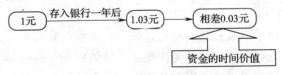

图 3-2 资金的时间价值

农村基础设施建设项目投资的时间价值是指农村基础设施建设项目的投资资金在没有风险和没有通货膨胀条件下的平均资金利润率,这是利润平均化规律作用的结果。资金随着时间的推移所产生的增值就叫作资金的时间价值。

资金为什么会有时间价值?这是因为资金使用者把资金作为资本投入生产经营以后,劳动者生产新的产品,创造新的价值,实现价值增值,就会带来利润。所以,资金时间价值的实质是资金周转使用后的增值额。如果资金是资金使用者从资金所有者那里借来的,则资金所有者要分享一部分资金的增值额,使用者周转使用的时间越长,所获的利润越多,实现的价值越大,资金提供者所要分享的数额也会越大。那么可以从两方面理解资金的时间价值:首先,进入生产经营过程的资金随着时间的推移,其价值就会增加,这种现象叫资金增值。从投资者的角度来看,资金的增值特性使得资金具有时间价值。其次,资金一旦用于投资,就不能用于现期消费,牺牲现期消费的目的是为了能在将来得到更多的消费。因此从消费者角度来看,资金的时间价值体现为对放弃现期消费的损失所应作的必要补偿。下面举一个简单的例子来说明资金的使用价值。

假如计划投资一个生产项目,面临一个时机选择的问题,如果现在开发,马上可获利60万元,如果5年后开发,由于价格上涨的原因,可获利80万元,你该选择什么时候投资呢?① 主张在5年后投资,因为80万元明显大于60万;② 主张现在投资,考虑货币的时间价值,现在投资获利60万元,又可以进行新的投资,如果社会平均获利率是15%,那么5年后60万元可变成$60 \times (1+15\%) \times 1.15 \times 1.15 \times 1.15 \times 1.15 = 120.6814$万元,金额显然大于80万元。所以,你选择现在投资是一个好主意。

在农村基础设施建设项目过程中,必须认真应用资金的时间价值原理进行投资的评价与决策,以节约资金、提高效益。即使是公共财政提供投资的农村基础设施建设的投资项目,也应该利用资金的时间价值原理,分析它的必要性、可行性,力求节约,把有限的资金运用到最重要的项目上。

二、资金时间价值的计算

银行存款利率、贷款利率,各种债券利率都可看作投资报酬率,但是它们与资金时间价值是有区别的。因为,这些报酬率除包含资金时间价值因素外,还包含通货膨胀和投资风险价值。只有在购买国库券等政府债券时因为几乎没有风险,如果通货膨胀程度很低,可以用政府债券利率来表示时间价值。

如何衡量资金的时间价值?资金的时间价值的大小取决于多方面如图3-3所示。从投资者的角度来看主要有:① 投资报酬率。即单位投资所能取得的利润;② 通货膨胀因素。即对因货币贬值造成的损失所做出的补偿。近几年通货膨胀趋势较为明显,通货膨胀因素不容忽视;③ 风险因素。即因风险的存在可能带来的损失所应作的补偿。投资报酬率扣除通货膨胀补偿、扣除风险可能带来损失的补偿就是资金的时间价值。

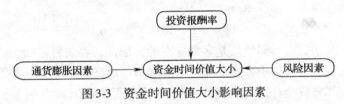

图3-3 资金时间价值大小影响因素

具体到一个农村基础设施投资项目来说,资金时间价值可以有两种表达形式:① 用绝对数表示,即资金时间价值额。是指资金在生产经营过程中产生的增值额;② 用相对数表示,即资金时间价值率。是指不包括风险价值和通货膨胀因素的平均资金利润率或平均投资报酬率。资金时间价值的两种表示方式在实际工作中不做严格区分。

为了计算资金的时间价值,需要引入"终值"和"现值"这两个概念,以表示不同时点的资金价值。终值又称将来值,是指现在一定量资金在未来某一点上的价值,包括本金和时间价值,即本利之和;现值又称本金,是指未来某一时点上的一定量资金折合为现在的价值,即未来值扣除时间价值后所剩的本金。衡量资金时间价值大小的标志是利率。利率有单利和复利之分,单利计算比较熟悉,在此主要介绍复利计算方法。

(1)复利求终值(已知现值 P,利率 i,年限 n,求终值 F)。

复利终值是指一定量的本金按复利计算若干期后的本利和。终值 F = 现值 P × 复利终值系数 $(1+i)^n$,即 $F = P(1+i)^n$。

例如:现在的 10 万元钱,用于建设一个生产项目,当年投产,利率为 10%,可以经营 5 年,求 5 年后的价值。

5 年后的复利终值 $= 10 \times (1+10\%)^5 = 16.1051$ 万元

(2)复利求现值(已知终值 F,利率 i,年限 n,求现值 P)。

复利现值是指一定量的若干期后的本利和按复利计算相当于现在的本金。

$$P = F\frac{1}{(1+i)^n} = F(1+i)^{-n}$$

【例 3-1】要想 5 年末获得 10 万元,银行存款利率为 10%,现在必须存入多少本金。

复利现值 $= 10 \times (1+10\%)^{-5} = 6.2092$ 万元

由于货币时间价值是客观存在的,因此,在农村基础设施建设项目投资过程中,就应充分考虑到货币时间价值。投资需要占用一部分资金,这部分资金是否应被占用,可以被占用多长时间,均是投资决策者需要运用科学方法确定的问题。因为,一项投资虽然有利益,但伴随着它的还有风险,如果投资决策失误,将会给社会、人民带来巨大的损失。在我国的基础设施建设项目过程中投资决策计划失误,给国家造成损失的例子很多,在农村基础设施建设项目投资决策过程中,必须考虑资金的时间价值,以科学决策,保证农村基础设施建设项目投资顺利进行。

第四章 农村基础设施建设的前期工作

第一节 投资项目的可行性分析

一、可行性研究的概念和作用

1. 概念

项目的可行性研究是对拟建项目在技术和经济上是否可以进行的分析论证和评价。经过对项目在技术上是否先进、适用、可靠，规模上是否合理，经济上是否能得到预期效益等各方面进行系统的分析、论证，通过多方案比较，提出评价意见。通过可行性研究报告，向政府和项目建设单位推荐最佳方案。

2. 作用

（1）作为基础设施项目投资决策的依据。基础设施可行性研究报告一经审批通过，意味着该项目正式批准立项，可以进行初步设计，所以经批准的可行性研究报告是确定建设项目的依据。

（2）作为编制设计文件的依据。

（3）作为筹集建设资金的依据。

（4）作为建设单位与各协作单位签订合同和有关协议的依据。

（5）作为环保部门、地方政府和规划部门审批项目的依据。地方政府批拨土地，规划部门审查项目建设是否符合城市规划，环保部门审查项目对环境的影响。

（6）作为施工组织、工程进度安排及竣工验收的依据。

（7）作为项目后评估的依据。

二、可行性研究的工作阶段与内容

1. 工作阶段

投资前时期的可行性研究工作主要包括：机会研究阶段、初步可行性研究阶段、详细可行性研究阶段、评价和决策阶段等四个阶段，如图 4-1 所示。

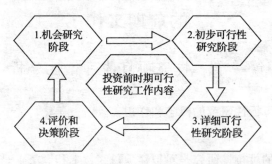

图 4-1　投资前时期可行性研究工作内容

（1）机会研究阶段。

机会研究要解决两个方面的问题：一是社会是否需要；二是有没有可以开展项目的基本条件。这一阶段的工作比较粗略。所估算的投资额的精确程度大约控制在 ±30% 以内。

（2）初步可行性研究阶段。

预可行性研究阶段。进一步判断项目是否有生命力，是否有较高的经济效益。

主要目标：① 确定是否进行详细可行性研究；② 确定哪些关键问题需要进行辅助性专题研究。

初步可行性研究内容和结构与详细可行性研究基本相同，主要区别是所获资料的详尽程度不同、研究深度不同。对建设投资的估算精度一般要求控制在 ±20% 左右。

（3）详细可行性研究阶段。

又称技术经济可行性研究，是可行性研究的主要阶段。

主要目标：① 提出项目建设方案；② 进行效益分析和最终方案选择；③ 确定项目投资的最终可行性和选择依据标准。这一阶段的内容比较详尽。建设投资计算精度控制在 ±10% 以内。

（4）评价和决策阶段。

由投资决策部门组织和授权有关咨询公司或有关专家，代表项目业主和出资人对建设项目可行性研究报告进行全面的审核和再评价。其主要任务是对拟建项目的可行性研究报告提出评价意见，最终决策该项目投资是否可行，确定最佳投资方案。

由于基础资料的占有程度、研究深度与可靠程度要求不同，可行性研究的各个工作阶段的研究性质、工作目标、工作要求、工作时间与费用各不相同。一般来说，各阶段的研究内容由浅入深，项目投资和成本估算的精度要求由粗到细，研究工作量由小到大，研究目标和作用逐步提高，因而工作时间和费用也逐渐增加。

2. 内容

可行性研究的基本内容应符合国家规定。一般农村基础设施项目的可行性研究应包含以下几方面的内容。

（1）总论；
（2）拟建规模；
（3）资源、原材料、燃料及公用设施情况；
（4）地址选择；
（5）项目设计方案；
（6）环境保护与劳动安全；
（7）企业组织、劳动定员和人员培训；
（8）项目施工计划和进度要求；
（9）投资估算和资金筹措；
（10）项目的经济评价；
（11）综合评价与结论、建议。

三、市场、技术和效益研究

通过对上述可行性研究的详细内容可以看出，可行性研究报告的内容可概括为三大部分。

（1）市场研究。主要任务是要解决项目的"必要性"问题；

(2) 技术研究。解决项目在技术上的"可行性"问题;

(3) 效益研究。即经济评价(包括财务评价、国民经济评价)。这是项目可行性研究的核心部分,主要解决项目在经济上的"合理性"问题,如表4-1所示。

可行性研究的内容 表4-1

任 务	内 容	地 位
市场研究	项目的必要性	前提和基础
技术研究	技术上的可行性	技术基础
效益研究	经济上的合理性	核心

1. 投资必要性

主要根据市场调查及预测的结果,以及有关的产业政策等因素,论证项目投资建设的必要性。在投资必要性的论证上,一是要做好投资环境的分析,对构成投资环境的各种要素进行全面的分析论证,二是要做好市场研究,包括市场供求预测、竞争力分析、价格分析、市场细分、定位及营销策略论证。

2. 建设项目经济上的可行性

建设项目经济上的可行性,主要从资源配置的角度衡量项目的价值,评价项目在实现区域经济发展目标、有效配置经济资源、增加供应、创造就业、改善环境、提高人民生活等方面的效益。在投资项目可行性研究的过程中,对投资项目的经济效果进行分析、预测和评价是决定项目的最关键的因素,是项目可行性研究的核心部分,也是项目建议书和可行性研究报告的重要组成部分。

投资项目的经济可行性评价,通常需要通过一系列的评价指标来进行。常用的经济评价指标可以分为两类:一类是静态评价指标。这类指标比较简单,可操作性也较强,容易被建设项目经营者所理解,在实际中得到了比较广泛的应用。另一类是动态评价指标。由于每一个投资项目都存在一定的投资期和收益期,投资项目的动态经济评价就需要基于项目的现金流量进行测算,并加入贴现技术的应用。

3. 建设项目技术上的可行性

对于项目投资来说，项目的技术可行性研究是非常重要的。技术选择基本上决定了项目的主体，对项目的技术经济效益往往能起到决定性的作用。一般来说，只有技术上被认为是可行的，才能在此基础上进行财务和国民经济分析。投资项目的技术选择应该符合以下三个原则：

（1）先进性。先进技术是指对生产发展起主要作用，并在技术领域中居领先地位的技术。先进性是一个相对的概念。这种先进技术可以是国际层次的，也可以是国内部门间或是企业间的。项目拟用的技术，如果是引进的，至少应该比国内的水平先进，同时与国内的吸收、学习能力相适应；如果是国内自有技术，则应该是国内已经成熟的先进技术。

（2）适用性。适用性是项目成功与否的核心因素。这要求项目所采用的技术必须适应其特定的技术条件与经济条件，可以很快地学习、吸收、应用甚至提高，并取得良好的收益。

强调技术的适用性与先进性并不冲突。作为通过技术可行性研究的合格项目，其应用的技术不仅是要先进的，更需要可行的。总的来说，这样的技术应该符合以下基本条件：

1）有利于本地资源的综合利用；

2）有利于提高能源、原材料的利用率；

3）能够与当时、当地的技术水平相适应，并能够充分发挥原有技术装备的生产力；

4）可行并能取得最佳经济效果；

5）有利于维护生态环境。

进行技术可行性研究需要注意两类问题：一类是片面追求技术的先进性，认为技术越先进越好；另一类是以选择适用技术为借口，迁就劳动力水平、投入限额等方面的要求，降低项目拟用技术的先进性，从而影响到项目的生命力。

（3）经济性。技术可行性研究是项目可行性研究的一部分，因此，在技术分析中也要贯彻项目总体的经济性要求。经济性是指所采用的技术，应能以较低的消耗获得更大的经济收益。技术是实现经济目标的手段和方法，既要兼顾先进性，又要兼顾合理性。在项目可行性研究中，要把经济分析包含在技术分析之中，对技术进行经济上的定性、定量分析，通过成本收益对比进行评价，寻找技术与经济间的最佳结合点。

在上述的三个原则中，先进性是做出技术选择的前提，适用性是采用技术的条件，而经济性是技术选择的目标。在技术可行性研究中，三者相互联系，相互影响，构成一个有机整体。

四、基础设施建设的环境影响评价

在建设项目可行性研究中，环境影响评价是生态环境保护的一个要求、一项内容、一个过程和政策制度。在投资项目实施之前进行的环境影响评价，应充分调查涉及的各种环境因素，据此识别、预测和评价该项目可能对环境带来的影响，并按照社会经济发展与环境保护相协调的原则提出预防或减轻不良环境影响的措施。

1. 环境影响评价的分类管理

（1）建设项目可能造成重大环境影响的，应当编制环境影响报告书，对产生的环境影响进行全面评价。

（2）建设项目可能造成轻度环境影响的，应当编制环境影响报告表，对产生的环境影响进行评价或专项评价。

（3）建设项目对环境影响很小的，不需要进行环境影响评价的，应当填报环境影响登记表。

建设单位一般应当在建设项目可靠性研究阶段报批建设项目环境影响报告书、环境影响报告表或环境影响登记表。

2. 对从事环评单位的管理

国家对从事建设项目环境影响评价工作的单位实行资格审查制度。从事项目环境影响评价工作的单位，必须取得国务院环境保护行政主管部门颁发的资格证书，按照证书规定的等级和范围,从事项目环境影响评价工作,并对评价结论负责。

3. 我国对建设项目环境影响评价的管理程序

(1) 项目建议书批准后,建设单位应根据项目环境影响分类管理名录,确定项目环境影响评价类别。

(2) 应编制环境影响报告书的项目,需要先编制环境影响评价大纲。审查批准后的评价大纲作为环境影响评价的工作依据。

(3) 环境影响报告书应当按照国务院规定报有审批权的环境保护行政主管部门审批,有行业主管部门的先报其预审。

(4) 建设项目的环境影响评价文件批准后,建设项目的性质、规模、地点、采用的工艺、防治措施发生重大变动的,建设单位应当重新报批建设项目的环境影响评价文件。

(5) 项目建设过程中,建设单位应当同时实施环境影响评价文件及其审批意见中提出的环境保护对策和措施。

环境影响评价独立于项目建议书和可行性研究报告的编制,自成体系,是投资项目决策分析与评价阶段中非常重要的一个环节。

4. 环境影响评价与项目建设程序的关系

建设项目实施中,环境治理设施必须与项目主体工程同时设计、同时施工、同时投产使用。

环境影响评价与项目建设程序的匹配关系　　　表 4-2

项目建设程序	相应的环境影响评价工作
项目建议书批准	编制环境影响评价大纲
编制工程项目的可行性研究	进行环境影响评价
工程设计	监督设计,落实评价结论
施工	简单环保设施在施工中实施
运行	进行环境监测

5. 环境影响报告书的主要内容

环境影响评价报告书包括以下内容:建设项目概况;建设项目

周围环境现状；建设项目对环境可能造成影响的分析、预测和评估；建设项目环境保护措施及其技术、经济论证；建设项目对环境影响的经济损益分析；对建设项目实施环境监测的建议；环境影响评价的结论。

按照相关法规的规定，专项规划的环境影响报告书的主要内容有：实施该规划对环境可能造成的影响的分析、预测和评估；预防或者减轻不良环境影响的对策和措施；环境影响评价的结论。

6. 环境影响报告表的主要内容

环境影响报告表的格式由国家环境保护总局统一监制，其主要内容有：建设项目基本情况、建设项目所在地自然环境和社会环境简况、环境质量状况、主要环境保护目标、评价适用标准、工程内容及规模、与本项目有关的原有污染情况及主要环境问题、建设项目工程分析、项目主要污染物产生及预计排放情况、环境影响分析、建设项目拟采取的防治措施及预期治理效果、结论与建议等。

7. 环境影响登记表的格式由国家环境保护总局统一监制，包括四个表格，登记内容分别为：项目基本情况、项目地理位置示意图和平面布置示意图、周围环境概况和工艺流程与污染流程、项目排污情况及环境措施简述四个方面。

第二节 工程的勘察设计

一、工程勘察设计概述

建设工程勘察设计在我国国民经济建设和社会发展中占有重要的地位和作用，它是工程建设前期的关键环节。建设工程勘察、设计的质量对于建设项目的质量起着决定性的作用，因此，勘察设计阶段是工程项目建设过程中的一个重要阶段。

建设工程勘察是指根据建设工程的要求，查明、分析、评价建设场地的地质、地理环境特征和岩土工程条件、编制建设工程勘察文件的活动。

建设工程设计是指根据建设工程的要求，对建设工程所需的技术、经济、资源、环境等条件进行综合分析、论证，编制建设工程设计文件的活动。

国务院以《中华人民共和国建筑法》为依据，于2000年9月25日制定颁布了《建设工程勘察设计管理条例》，该条例是从事建设工程勘察和建设工程设设计的工作准则和法律依据。

勘察设计工作应在严格遵守技术标准、法规的基础上，对工程地质条件做出及时、准确的评价。正确处理和协调经济、资源、技术、环境条件的制约，使设计项目能更好地满足业主所需要的功能和使用价值，能充分发挥项目投资的经济效益。

国家对从事建设工程勘察、设计活动的单位，实行资质管理；对从事建设工程勘察、设计活动的专业技术人员，实行执业资格注册管理制度。建设工程勘察、设计单位应当在其资质等级许可的范围内承揽业务。

建设工程勘察设计资质分为工程勘察资质和工程设计资质两大类。工程勘察资质分综合类、专业类、劳务类三类；工程设计资质分工程设计综合资质、工程设计行业资质和工程设计专项资质三类。

工程勘察资质和工程设计资质分级标准按单位资历和信誉、技术力量、技术水平、技术装备及应用水平、管理水平、业务成果等六方面考核确定，其中业务成果指标供资质考核备用，其余五项为硬性要求。

国家禁止建设工程勘察、设计单位超越其资质等级许可的范围或者以其他建设工程勘察、设计单位的名义承揽建设工程勘察、设计业务。禁止建设工程勘察、设计单位允许其他单位或者个人以本单位的名义承揽建设工程勘察、设计业务。

下面是勘察、设计资质范围，各类的分级情况，以及允许承担任务的范围和地区。

（1）工程勘察资质等级。工程勘察资质范围包括建设工程项目的岩土工程、水文地质勘察和工程测量等专业，其中岩土工程是指岩土工程的勘察、设计、测试、监测、检测、咨询、监理、治理等项。

1）资质等级设立。综合类包括工程勘察所有专业，其资质只设甲级；专业类是指岩土工程、水文地质勘察、工程测量等专业中某一项，其中岩土工程专业类可以是五项中的一项或全部。其资质原则上设甲、乙两个级别，确有必要设置丙级的地区经建设部批准后方可设置；劳务类指岩土工程治理、工程钻探、凿井等，劳务类资质不分级别。

2）承担任务范围和地区：① 综合类承担业务范围和地区不受限制；② 专业类甲级承担本专业业务范围和地区不受限制；③ 专业类乙级可承担本专业中、小型工程项目，其业务地区不受限制；④ 专业类丙级可承担本专业小型工程项目，其业务限定在省、自治区、直辖市所辖行政区范围内；⑤ 劳务类只能承担业务范围内劳务工作，其工作地区不受限制。

（2）工程设计资质等级：

1）资质等级的设立：① 工程设计综合类资质不设级别；② 工程设计行业资质根据其工程性质划分为煤炭、化工石化医药、石油天然气、电力、冶金、军工、机械、商物粮、核工业、电子通信广电、轻纺、建材、铁道、公路、水运、民航、市政公用、海洋、水利、农林、建筑等21个行业。工程设计行业资质设甲、乙、丙三个级别，除建筑工程、市政公用、水利和公路等行业设工程设计丙级外，其他行业工程设计丙级设置对象仅为企业内部所属的非独立法人单位。工程设计行业资质范围包括本行业建设工程项目的主体工程和必要的配套工程（含厂区内自备电站、通路、铁路专用线、各种管网和配套的建筑物等全部配套工程）以及与主体工程、配套工程相关的工艺、土木、建筑、环境保护、消防、安全、卫生、节能等；③工程设计专项资质划分为建筑装饰、环境工程、建筑智能化、消防工程、建筑幕墙、轻型房屋钢结构等六个专项。工程设计专项资质根据专业发展需要设置级别。工程设计专项资质的设立，需由相关行业部门或授权的行业协会提出并经建设部批准，其分级可根据专业发展的需要设置甲、乙、丙或丙级以下级别。

2）承担任务的范围和地区：①甲级工程设计行业资质单位承担工程设计任务的行业业务范围和地区不受限制；②乙级工程设计行业资质单位承担相应行业中、小型建设项目的工程设计任务，地区不受限制；③丙级工程设计行业资质单位承担相应行业小型建设项目的工程设计任务，限定在省、自治区、直辖市所辖行政区范围内；④具有甲、乙级行业资质的单位，可承担相应的咨询业务，除特殊规定外，还可承担相应的工程设计专项资质业务；⑤取得工程设计专项甲级资质证书的单位可承担大、中、小型专项工程设计项目，不受地区限制；取得乙级资质的单位可承担中、小型专项工程设计项目，不受地区限制；⑥持工程设计专项甲、乙级资质的单位可承担相应咨询业务；⑦设计单位取得市政公用、公路、铁道等行业任一行业中桥梁、隧道工程设计类型的甲级勘察设计资质，即可承担其他两个行业桥梁、隧道工程甲级设计范围的勘察设计业务。

二、勘察、设计费用与支付方式

委托方应按国家有关规定向承包方支付勘察、设计费。

（1）勘察费。勘察工作的取费标准是按照勘察工作的内容（如工程勘察、工程测量、工程地质、水文地质和工程物探等的工作量）来决定的，勘察费用一般按实际完成的工作量收取，其具体标准和计算办法需按有关规定执行。勘察工作的取费标准可综合考虑企业目标、市场需求等诸多因素进行适当市场调节，表4-3为勘察设计及前期工程费用明细表格式。

勘察设计及前期工程费用明细表　　　　表 4-3

序号	费用项目	单位	数量	单位金额	简明计算公式	费用总金额	依据及说明
1	规划设计费（包括模型制作）						
2	水文、地质勘测费						
3	建筑安装工程施工图设计费						
4	临时占道（堆场）费						
5	临时道路修建费						
6	临时用水接通费						
7	临时用电接通费						
8	平整场地						
	① 挖、填土方						
	②						
	③						
	其他						
	①						
9	②						
	③						
	④						
	⑤						
	小计						

（2）设计费。设计工程的取费标准，一般应根据不同行业、不同建设规模和工程内容的繁简程度制定不同的收费定额，根据这些定额来计算收取的费用。实践中除执行有关收费

标准的规定外,同样也要综合考虑市场需求等诸多因素进行市场调节。

设计合同生效后,委托方向承包方支付相当于设计费的20%作为定金。定金抵作设计费,设计费其余部分的支付由双方共同商定。

勘察、设计费的支付方式,根据有关的规定,须通过银行转账结算,这一点必须在合同中写明。合同中还须明确勘察、设计费的支付期限。

农村基础设施设计合同可参照民用建筑工程设计合同范本(GF—2000—0209)由双方协商确定。

GF—2000—0209

建 设 工 程 设 计 合 同
[民用建设工程设计合同]

工程名称:＿＿＿＿＿＿＿＿＿＿
工程地点:＿＿＿＿＿＿＿＿＿＿
合同编号:＿＿＿＿＿＿＿＿＿＿
(由设计人编填)
设计证书等级:＿＿＿＿＿＿＿＿
发包人:＿＿＿＿＿＿＿＿＿＿
设计人:＿＿＿＿＿＿＿＿＿＿
签订日期:＿＿＿＿＿＿＿＿＿＿

发包人:＿＿＿＿＿＿＿＿＿＿
设计人:＿＿＿＿＿＿＿＿＿＿
发包人委托设计人承担＿＿＿＿＿＿工程设计,经双方协商一致,签订本合同。依照《中华人民共和国合同法》、《中华人民共和国建筑法》及其他有关法律、行政法规,遵循平等、自愿、公平和诚实信用的原则,双方就本建设工程施工项协商一致,订立本合同。

第一条 本合同依据下列文件签订:
1.1 《中华人民共和国合同法》、《中华人民共和国建筑法》《建设工程勘察设计市场管理规定》。

1.2 国家及地方有关建设工程勘察设计管理的法规和规章。

1.3 建设工程批准文件。

第二条 本合同设计项目的内容：名称、规模、阶段、投资及设计费等见下表。

序号	分项目名称	建设规模		设计阶段及内容			估算总投资（万元）	费率%	估算设计费（元）
		层数	建筑面积（m²）	方案	初步计划	施工图			

第三条 发包人应向设计人提交的有关资料及文件：

序号	资料及文件名称	份数	提交日期	有关事宜

第四条 设计人应向发包人交付的设计资料及文件：

序号	资料及文件名称	份数	提交日期	有关事宜

第五条 本合同设计收费估算为_____元人民币。设计费支付进度详见下表。

付费次序	占总设计费%	付费额（元）	付费时间（由交付设计文件所决定）
第一次付费	20%定金		
第二次付费			
第三次付费			
第四次付费			
第五次付费			

说明：

1. 提交各阶段设计文件的同时支付各阶段设计费。

2. 在提交最后一部分施工图的同时结清全部设计费，不留尾款。

3. 实际设计费按初步设计概算（施工图设计概算）核定，多退少补。实际设计费与估算设计费出现差额时，双方另行签订补充协议。

4. 本合同履行后，定金抵作设计费。

第六条 双方责任

6.1 发包人责任：

6.1.1 发包人按本合同第三条规定的内容，在规定的时间内向设计人提交资料及文件，并对其完整性、正确性及时限负责，发包人不得要求设计人违反国家有关标准进行设计。

发包人提交上述资料及文件超过规定期限15天以内，设计人按合同第四条规定的交付设计文件时间顺延；超过规定期限15天以上时，设计人员有权重新确定提交设计文件的时间。

6.1.2 发包人变更委托设计项目、规模、条件或因提交的资料错误，或所提交资料作较大修改，以致设计人设计需返工时，双方除需另行协商签订补充协议（或另订合同）、重新明确有关条款外，发包人应按设计人所耗工作量向设计人增付设计费。

在未签合同前发包人已同意，设计人为发包人所做的各项设计工作，应按收费标准，相应支付设计费。

6.1.3 发包人要求设计人比合同规定时间提前交付设计资料及文件时，如果设计人能够做到，发包人应根据设计人提前投入的工作量，

47

向设计人支付赶工费。

6.1.4 发包人应为派赴现场处理有关设计问题的工作人员,提供必要的工作生活及交通等方便条件。

6.1.5 发包人应保护设计人的投标书、设计方案、文件、资料图纸、数据、计算软件和专利技术。未经设计人同意,发包人对设计人交付的设计资料及文件不得擅自修改、复制或向第三人转让或用于本合同外的项目,如发生以上情况,发包人应负法律责任,设计人有权向发包人提出索赔。

6.2 设计人责任:

6.2.1 设计人应按国家技术规范、标准、规程及发包人提出的设计要求,进行工程设计,按合同规定的进度要求提交质量合格的设计资料,并对其负责。

6.2.2 设计人采用的主要技术标准是:

6.2.3 设计合理使用年限为_____年。

6.2.4 设计人按本合同第二条和第四条规定的内容、进度及份数向发包人交付资料及文件。

6.2.5 设计人交付设计资料及文件后,按规定参加有关的设计审查,并根据审查结论负责对不超出原定范围的内容做必要调整补充。设计人按合同规定时限交付设计资料及文件,本年内项目开始施工,负责向发包人及施工单位进行设计交底、处理有关设计问题和参加竣工验收。在一年内项目尚未开始施工,设计人仍负责上述工作,但应按所需工作量向发包人适当收取咨询服务费,收费额由双方商定。

6.2.6 设计人应保护发包人的知识产权,不得向第三人泄露、转让发包人提交的产品图纸等技术经济资料。如发生以上情况并给发包人造成经济损失,发包人有权向设计人索赔。

第七条 违约责任:

7.1 在合同履行期间,发包人要求终止或解除合同,设计人未开始设计工作的,不退还发包人已付的定金;已开始设计工作的,发包人应根据设计人已进行的实际工作量,不足一半时,按该阶段设计费的一半支付;超过一半时,按该阶段设计费的全部支付。

7.2 发包人应按本合同第五条规定的金额和时间向设计人支付设计费,每逾期支付一天,应承担支付金额千分之二的逾期违约金。逾期超过 30 天以上时，设计人有权暂停履行下阶段工作，并书面通知发包人。发包人的上级或设计审批部门对设计文件不审批或本合同项目停缓建，发包人均按 7.1 条规定支付设计费。

7.3 设计人对设计资料及文件出现的遗漏或错误负责修改或补充。由于设计人员错误造成工程质量事故损失，设计人除负责采取补救措施外，应免收直接受损失部分的设计费。损失严重的根据损失的程度和设计人责任大小向发包人支付赔偿金，赔偿金由双方商定为实际损失的_____%。

7.4 由于设计人自身原因，延误了按本合同第四条规定的设计资料及设计文件的交付时间，每延误一天，应减收该项目应收设计费的千分之二。

7.5 合同生效后，设计人要求终止或解除合同，设计人应双倍返还定金。

第八条 其他

8.1 发包人要求设计人派专人留驻施工现场进行配合与解决有关问题时，双方应另行签订补充协议或技术咨询服务合同。

8.2 设计人为本合同项目所采用的国家或地方标准图，由发包人自费向有关出版部门购买。本合同第四条规定设计人交付的设计资料及文件份数超过《工程设计收费标准》规定的份数，设计人另收工本费。

8.3 本工程设计资料及文件中，建筑材料、建筑构配件和设备。应当注明其规格、型号、性能等技术指标，设计人不得指定生产厂、供应商。发包人需要设计人的设计人员配合加工订货时，所需要费用由发包人承担。

8.4 发包人委托设计配合引进项目的设计任务，从询价、对外谈判、国内外技术考察直至建成投产的各个阶段，应吸收承担有关设计任务的设计人参加。出国费用，除制装费外，其他费用由发包人支付。

8.5 发包人委托设计人承担本合同内容之外的工作服务，另行支付费用。

8.6 由于不可抗力因素致使合同无法履行时，双方应及时协商解决。

8.7 本合同发生争议,双方当事人应及时协商解决。也可由当地建设行政主管部门调解,调解不成时,双方当事人同意由_____仲裁委员会仲裁。双方当事人未在合同中约定仲裁机构,事后又未达成仲裁书面协议的,可向人民法院起诉。

8.8 本合同一式_____份,发包人_____份,设计人_____份。

8.9 本合同经双方签章并在发包人向设计人支付订金后生效。

8.10 本合同生效后,按规定到项目所在省级建设行政主管部门规定的审查部门备案。双方认为必要时,到项目所在地工商行政管理部门申请鉴证。双方履行完合同规定的义务后,本合同即行终止。

8.11 本合同未尽事宜,双方可签订补充协议,有关协议及双方认可的来往电报、传真、会议纪要等,均为本合同组成部分,与本合同具有同等法律效力。

8.12 其他约定事项:

发包人名称:	设计人名称:
（盖章）	（盖章）
法定代表人:（签字）	法定代表人:（签字）
委托代理人:（签字）	委托代理人:（签字）
住　　所:	住　　所:
邮政编码:	邮政编码:
电　　话:	电　　话:
传　　真:	传　　真:
开户银行:	开户银行:
银行账号:	银行账号:
建设行政主管部门备案:	鉴证意见:
（盖章）	（盖章）
备 案 号:	经办人:
备案日期:　年　月　日	鉴证日期:　年　月　日

第三节 投资估算与投资计划

一、投资估算的概念

投资估算是指在投资决策过程中,依据现有的资源和一定的方法,对建设项目未来发生的全部费用进行预测和估算。

二、投资估算的内容

投资估算的内容,从费用构成角度讲包括该项目从筹建、设计、施工直至竣工投产所需的全部费用,分为建设投资和流动资金两部分。

固定资产投资估算包括静态投资估算和动态投资估算。按照费用的性质划分,静态投资包括设备及工器具购置费、建筑安装工程费用、工程建设其他费用及基本预备费;动态投资则是指在建设期内,因建设期利息、建设工程需缴纳的固定资产投资方向调节税和国家新批准的税费、汇率、利率变动及建设期价格变动引起的建设投资增加额,包括建设期贷款利息、涨价预备费及固定资产投资方向调节税。

根据国家现行规定,新建、扩建和技术改造项目,必须将项目建成投产后所需的流动资金列入投资计划,流动资金不落实的,国家不予批准立项,银行不予贷款。

三、投资估算的依据、要求与步骤

1. 依据

(1) 主要工程项目、辅助工程项目及其他各单项工程的建设内容及工程量。

(2) 专门机构发布的建设工程造价及费用构成、估算指标、计算方法,以及其他有关工程造价估算的文件。

(3) 专门机构发布的工程建设其他费用计算办法和费用标

准,以及政府部门发布的物价指数。

(4) 已建同类工程项目的投资档案资料。

(5) 影响建设工程投资的动态因素,如利率、汇率、税率等。

2. 要求

(1) 工程内容和费用构成齐全,计算合理,不重复计算,不提高或者降低估算标准,不漏项,不少算。

(2) 选用指标与具体工程之间存在标准或者条件差异时,应进行必要的换算或调整。

(3) 投资估算精度应能满足控制初步设计概算要求。

3. 步骤

(1) 分别估算各单项工程所需的建筑工程费、设备及工器具购置费、安装工程费。

(2) 在汇总各单项工程费用的基础上,估算工程建设其他费用和基本预备费。

(3) 估算涨价预备费和建设期贷款利息。

(4) 估算流动资金。

四、投资估算的分类

按照概算法,建设投资估算应该包括工程费用、工程建设其他费用和预备费,见表4-4。按照形成资产法,建设项目投资估算应该包括固定资产费用(含工程费用、固定资产其他费用)、无形资产费用、其他资产费用和预备费,见表4-5。

建设项目投资估算表(概算法) 表4-4

人民币单位:万元　　　　　　　　　外币单位

序号	工程或费用名称	建筑工程费	设备购置费	安装工程费	其他费用	合计	其中:外币	比例(%)
1	工程费用							
1.1	主体工程							

续表

序号	工程或费用名称	建筑工程费	设备购置费	安装工程费	其他费用	合计	其中：外币	比例(%)
1.1.1	×××							
	……							
1.2	辅助工程							
1.2.1	×××							
	……							
1.3	公用工程							
1.3.1	×××							
	……							
1.4	服务性工程							
1.4.1	×××							
	……							
1.5	厂外工程							
1.5.1	×××							
	……							
1.6	×××							
2	工程建设其他费用							
2.1	×××							
	……							
3	预备费							
3.1	基本预备费							
3.2	涨价预备费							
4	建设投资合计							
	比例(%)							

资料来源：《建设项目经济评价方法与参数（第三版）》。

建设项目投资估算表（形成资产法）　　表4-5
人民币单位：万元　　　　　　　　　外币单位：

序号	工程或费用名称	建筑工程费	设备购置费	安装工程费	其他费用	合计	其中：外币	比例（%）
1	固定资产费用							
1.1	工程费用							
1.1.1	×××							
1.1.2	×××							
1.1.3	×××							
	……							
1.2	固定资产其他费用							
	×××							
	……							
2	无形资产费用							
2.1	×××							
	……							
3	其他资产费用							
3.1	×××							
	……							
4	预备费							
4.1	基本预备费							
4.2	涨价预备费							
5	建设投资合计							
	比例（%）							

资料来源：《建设项目经济评价方法与参数（第三版）》。

五、投资估算的编制方法

建设投资估算的编制方法很多,包括资金周转率法、生产能力指数法、设备费用百分比估算法、系数估算法、功能单元法以及造价指标估算法等,这些方法分别用于不同阶段和不同项目的投资估算。

(1) 资金周转率法。这种方法是用资金周转率来推测投资额的一种简单方法。先根据已建类似项目的有关数据计算资金周转率,然后根据拟建项目的预计年产量和单价估算拟建项目投资。计算公式如下:

$$资金周转率 = \frac{年销售额}{总投资额} = \frac{产品的年产量 \times 产品单价}{总投资额}$$

$$总投资额 = \frac{产品的年产量 \times 产品单价}{资金周转率}$$

该法简便易行,节约时间和费用。由于项目相关数据的确定性较差,使投资估算的精度较低。

(2) 生产能力指数法。这种方法是根据已建成的、性质类似的建设项目或装置的投资额和生产能力,估算同类而不同生产规模的建设项目或装置的投资额,计算公式为:

$$C_2 = C_1 \left(\frac{A_2}{A_1}\right)^n \cdot f$$

式中 C_1——已建成类似工程项目或装置的投资额;
　　　C_2——拟建工程项目或装置的投资额;
　　　A_1——已建成类似工程项目或装置的生产能力;
　　　A_2——拟建工程项目或装置的生产能力;
　　　f——不同时期、不同地点的定额、单价、费用变更等的综合调整系数;
　　　n——生产能力系数,$n \leqslant 1$。

若拟建项目或装置与类似项目或装置的规模相差不大,生产规模比值在 0.5~2 之间,则指数 n 的取值近似为 1。

若拟建项目或装置与类似项目或装置的规模相差不大于50倍,且拟建项目规模的扩大仅靠增大设备规格来达到时,则 n 取值为 0.6~0.7 之间;若是靠增加相同规格设备的数量来达到时,n 取值为 0.8~0.9 之间。

采用此法估算投资不需要详细的工程设计资料,简单易行,但误差较大,精度只有 80% 左右,该方法只能粗略地快速估算。

(3) 设备费用百分比估算法。

1) 以拟建项目或装置的设备费为基数。这种方法是以拟建项目或装置的设备费为基数,根据已经建成的同类项目或装置的建筑安装费及工程建设其他费用等占设备费的百分比,求出拟建工程的建筑安装费及工程建设其他费用,再加上拟建工程的其他有关费用,其总和即为项目或装置的总投资额。计算公式如下:

$$C = I(1 + f_1 K_1 + f_2 K_2 + f_3 K_3 + \cdots\cdots) + Q$$

式中　　C——拟建项目或装置的投资额;

　　　　I——拟建项目或装置按当时当地价格计算的设备费;

$K_1, K_2, K_3, \cdots\cdots$——已建成的同类项目或装置中,建筑安装费及工程建设其他费用占设备费的百分比;

$f_1, f_2, f_3, \cdots\cdots$——表示由于时间因素引起的定额、价格、费用标准等变化的综合调整系数;

　　　　Q——拟建工程的其他有关费用。

2) 以拟建项目中主要的或投资比重较大的工艺设备投资为基数。这种方法是以拟建项目中主要的、投资比重较大的工艺设备的投资为基数,根据已见类似项目的统计资料,计算出拟建项目各专业工程费占工艺设备的比例,求出各专业投资,再加上其他费用,求得拟建项目的建设投资。

(4) 单元指标估算法。单元指标是指每个估算单位的投资额。例如,啤酒厂单位生产能力投资指标、饭店单位客户房间投资指标、冷库单位储藏量投资指标、医院每个床位投资指标等。单位指标估算法在实际工作中使用较多。农村基础设施建设项目的投资估算公式为：

项目投资额＝单元指标×基础设施建设项目功能×物价浮动指数

六、流动资金估算

（1）流动资金的构成。流动资金是生产性建设项目投产后维持正常生产经营所需购买原材料、燃料、支付工资及其他生产经营费用所必不可少的周转资金。流动资金形成项目运营过程中的流动资产。由于这部分资金需要在投产前后集中使用以形成企业的流动资产，在项目整个生产期内长期保持和周转使用，因此流动资金投资是项目投资的重要组成部分，它是伴随着固定资产而发生的永久性流动资产投资。流动资金根据其在再生产过程中的价值形态，分为储备资金、生产资金、成品资金、结算资金和货币资金五种价值形态，如图4-2所示。

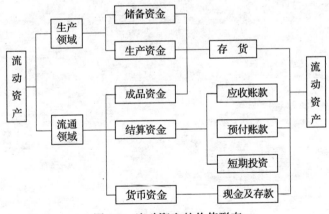

图4-2 流动资金的价值形态

（2）流动资金估算。流动资金估算一般采用扩大指标估算法和分项详细估算法。

1）扩大指标估算法。扩大指标估算法是按照流动资金占某种基数的比率估算流动资金。一般常用的基数有销售收入、经营成本、总成本费用和固定资产投资等。究竟采用何种基数依行业习惯而定。所采用的比率根据经验确定，或根据现有同类企业的实际资料确定，或依行业、部门给定的参考值确定。

2）分项详细估算法。分项详细估算法，也称分项定额估算法。它是国际上通行的流动资金估算方法，按照下列公式分项详细估算。

$$流动资金 = 流动资产 - 流动负债$$

$$流动资产 = 现金 + 应收及预付账款 + 存货$$

$$流动负债 = 应付账款 + 预收账款$$

$$流动资金本年增加额 = 本年流动资金 - 上年流动资金$$

第五章 农村基础设施建设准备与实施阶段的管理

第一节 实施方式和建设管理制度

农村基础设施建设有多种实施方式和建设管理制度，投资主体可以根据自身条件和基础设施的具体特点，选择可行的方式和管理制度。下面分别对实施方式和管理制度进行叙述。

一、建设项目实施方式

建设项目实施方式是指建设项目经过决策立项之后，勘察设计和施工安装等具体建设任务的组织或发包方式。基础设施建设项目实施方式不同，直接影响项目管理主体在项目中的管理活动，从而影响项目实施的效果。目前，国内外常见的建设项目实施方式有以下三类：建设单位直接招标发包方式、委托项目管理公司代建、BOT类特许方式。

1. 建设单位直接招标发包

建设单位直接招标发包是指建设单位直接通过招标方式将任务发包给承包单位。所谓直接招标发包，是指由建设单位自己进行或委托招标代理单位进行招标发包活动。按发包的内容和招标对象有平行承发包、项目总承发包、施工总承包等方式。

(1) 平行承发包。建设单位把设计任务分别委托给多个设计单位，并且把施工任务分别发包给多个施工单位，在这种情况下，各设计单位之间的关系是平行关系，各施工单位之间的关系也是平行关系，这种组织形式称为平行承发包模式，如图5-1所示。

采用平行承发包方式，建设单位需要和多个设计单位及多个施工单位签订合同。为控制项目实施总目标，建设单位的协调工

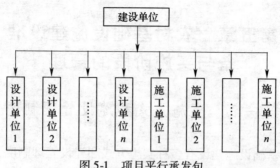

图 5-1 项目平行承发包

作量较大。平行承发包方式对项目的投资控制既有有利的一面,也有不利的一面。有利方面是可以根据不同性质的建设任务选择最合适的承担单位;不利方面是总投资要到任务全部发包完成才能确定。

(2) 设计总承包。建设单位把项目的全部设计任务发包给设计总承包商,设计总承包商再把部分设计任务委托给其他专业设计单位,这种组织形式为设计总承包方式,如图 5-2 所示。

(3) 施工总承包。建设单位把项目的全部施工任务发包给施工总承包商,施工总承包商再把部分施工任务委托给其他专业施工单位,这种组织形式为施工总承包方式,如图 5-3 所示。

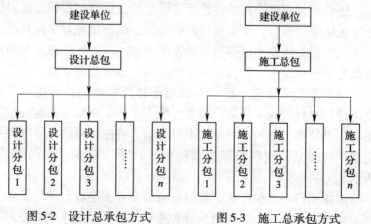

图 5-2 设计总承包方式　　图 5-3 施工总承包方式

(4)项目总承包。建设单位把一个项目的全部设计和全部施工任务都发包给一个总承包商,这种组织形式为项目总承包方式,如图5-4所示。

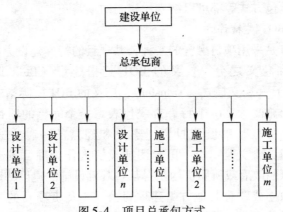

图5-4 项目总承包方式

2. 委托项目管理公司代建

现在建设项目组成结构日趋复杂,不仅有新材料、新结构、新工艺、新技术的应用,而且建设项目管理已经发展成为一项复杂的系统工程。它的优化组织和管理都涉及众多的专业知识以及现代化管理技术。要实现对大规模化、高度技术化的建设项目快速、有效建设的要求,不精通此道的业主显然是无力胜任的,而富有经验、专门从事工程项目管理的项目公司却能胜任。委托项目管理公司代建的方式实现了项目的投资主体与经营机构的分离,即投资主体仅作投资市场的研究、投资所需资金的筹措及运用、项目的转化或项目产品的移交等。而专业性工作则可委托专业项目管理公司完成,这是投资社会化及市场化的结果。

代建的含义是代行(组织)建设,是指项目业主因缺乏工程建设管理的能力,故需委托专业化的项目(管理)公司代为组织建设实施或代为管理,代建的内容依业主委托范围可大可小,如为完成政府工程而组建的建设单位,其代建的范围是项目的全寿命周期(从前期工作到试生产或使用)。代建制是工程项目建设实施的一种模式,"制"是指组织、方法、思想和制度的成套模型。很多工程项目实施组织方式,如交钥匙方式、建筑工程管理方式、设计—采购—施工总承包方式、设计—采购—施工管理总承包方式等都可以纳入代建制的范畴。

3. BOT 类特许方式

BOT 是采用项目融资的一种公共项目的特许建设方式。BOT 有广义和狭义之分,狭义的 BOT 是指建设（Build）—运营（Operate）—移交模式（Transfer）；广义的 BOT 实际指的是 BOT 诸形式的总概念。BOT 特许方式代表着一个完整的项目融资过程,其实质是基础设施投资、建设和经营的一种方式。整个 BOT 项目的含义是：由一国财团或投资人作为项目发起人,从一个国家的政府或所属机构获得某些基础设施的建设特许权,然后由其独立或联合其他方组建项目公司,负责项目的融资、设计、建设和经营。在特许期内,项目公司通过对项目的良好运营获得利润,用于收回融资成本和偿还债务,并取得合理的收益。政府对项目公司提供的公共产品或服务的数量和价格可以有所限制,但保证私人资本具有获取利润的机会。整个过程中的风险由政府和私人机构分担。特许期结束以后,将项目无偿地转让给东道国政府,转由政府指定部门经营和管理。

二、建设管理制度

1. 项目法人责任制

国家计划委员会于 1996 年 4 月 6 日发布了"计建设 [1996] 673 号《关于实行建设项目法人责任制的暂行规定》",是为了建立投资约束机制,规范项目法人行为,明确其责、权、利,提高投资效益。规定"国有单位经营性基本建设大中型项目在建设阶段必须组建项目法人"。项目法人可按《公司法》的规定设立有限责任公司（包括国有独资公司）和股份有限公司形式,实行项目法人责任制,由项目法人对项目的策划、资金筹措、建设实施、生产经营、债务偿还和资产的保值增值,实行全过程负责。

按照该规定，项目建议书被批准后，应由项目的投资方派代表组成项目法人筹备组，具体负责项目法人的筹建工作。在申报项目可行性研究报告时，须同时提出项目法人的组建方案。否则，可行性研究报告不被审批。在项目研究报告被批准后，正式成立项目法人，确保资本金按时到位，及时办理公司，设立登记。重点项目的公司章程报国家计委备案，其他项目的公司章程按隶属关系分别报有关部门、地方计委。

由原有企业负责建设的基建大中型项目，需新设立子公司的，要重新设立项目法人；设分公司或分厂的，原企业法人即是项目法人，原企业法人应向分公司或分厂派遣专职管理人员，并实行专项考核。

2. 招投标制

建设工程招标是指招标人在发包建设项目之前，公开邀请投标人，根据招标人的意图和要求提出报价，择日当场开标，以便从中择优选定中标人的一种经济活动。建设工程投标是和工程招标对称概念，指具有合法资格的投标人根据招标条件，经初步研究和估算，在指定期限内填写标书，提出报价并等候开标，决定能否中标的经济活动。

从法律上讲，建设工程招标一般是建设单位（或业主）就拟建设的工程发布通告，用法定方式吸引建设项目的承包单位参加竞争，进而通过法定程序从中选择条件优越者来完成工程建设任务的法律行为。建设工程投标一般是经过特定审查而获得投标资格的建设项目承包单位，按照招标文件的要求，在规定的时间内向招标单位填报投标书，并争取中标的法律行为。

3. 建设监理制

（1）建设工程监理的概念。建设工程监理是指具有相应资质的工程监理企业受工程项目业主方的委托，承担其项目管理工作，并代表业主方对承建单位的建设行为进行监督管理的专业化服务活动。

建设工程监理的行为主体是工程监理企业，建设工程监理既不同于建设行政主管部门的强制性监督管理，也不同于总承包单位对分包单位的监督管理。建设工程监理的实施需要业主方的委托和授权，只有在业主方委托的前提下，工程监理企业才能根据国家有关工程建设法律法规、建设工程委托监理合同及有关建设工程合同实施监理。

工程监理企业的项目管理工作包括投资控制、进度控制、质量控制、合同管理、信息管理和组织协调工作。

(2) 建设工程监理的范围。根据2001年1月17日中华人民共和国建设部第86号令《建设工程监理范围和规模标准规定》，下列建设工程必须实行监理：

1）国家重点建设工程。指依据《国家重点建设项目管理办法》所确定的对国民经济和社会发展有重大影响的骨干项目。

2）大中型公用事业工程。指项目总投资在3000万以上的工程项目。

3）成片开发建设的住宅小区工程。成片开发的住宅小区工程，建筑面积在5万m^2以上的住宅建设工程必须实行监理；5万m^2以下的住宅建设工程，可以实行监理，具体范围和规模标准，由省、自治区、直辖市人民政府建设行政主管部门规定。另外为了保证住宅质量，对高层住宅及地基、结构复杂的多层住宅应当实行监理。

4）利用外国政府或者国际组织贷款、援助资金的工程，包括：使用世界银行、亚洲开发银行等国际组织贷款资金的项目；使用国外政府及其贷款资金的项目；使用国际组织或者国外政府援助资金的项目。

5）国家规定必须实行的其他工程，包括：项目总投资额在3000万以上，关系社会公共利益、公众安全的基础设施项目；学校、影剧院、体育场馆项目。

(3) 建设工程监理的工作任务。建设工程监理的主要任务是从组织和管理的角度采取措施,控制建设工程项目的三大目标,包括投资目标、进度目标和质量目标。这三大目标是相互关联、互相制约的目标系统。建设工程监理要达到的目的是"力求"实现项目目标。监理单位和监理工程师"将不是,也不能成为任何承包商的工程承保人或保证人"。因为在市场经济条件下,任何承包单位作为建筑产品的卖方,都应当根据工程承包合同按规定的时间、费用和质量要求完成约定的工程勘察、设计、施工及物资供应的承包任务。否则,将承担合同责任。承包方与业主方之间是承发包关系,他们要承担相应的风险。业主方和承包方只能各自保证履行其合同义务,而作为工程承包合同"甲方和乙方"之外的"第三方"的监理单位和监理工程师,则没有义务替他们承担责任。谁设计,谁负责;谁施工,谁负责;谁供应材料和设备,谁负责。

(4) 建设工程监理的工作内容。建设工程监理工作包括以下六项内容:

一是投资控制。在建设前期进行项目可行性研究,协助业主正确地进行投资决策,控制好估算投资总额;在设计阶段对设计方案、设计标准、总概算(修正总概算)和概(预)算进行审查;建设准备阶段协助确定标底和合同造价;施工阶段审核设计变更,核实已完工程量,签署工程进度款支付和控制索赔;在工程竣工阶段审核工程结算。

二是进度控制。在建设前期通过周密分析、研究,确定合理的工期目标,并在施工前将工期要求纳入承包合同;在建设实施期审查施工组织设计和进度计划,并在计划实施中通过建立项目进度网络计划控制系统进行动态跟踪,做好监督工作,处理合同进度纠纷等,使单项工程及其分阶段目标工期逐步实现,最终保证建设工程总工期的实现。

三是质量控制。质量控制要贯穿在项目可行性研究、设计、建设准备、施工、竣工及使用及维修的全过程。主要包括组织设计方案竞赛与评比,进行设计方案磋商及图纸审核,控制设计变更；在施工前通过审查承包人资质，检查建筑物所用材料、构配件、设备质量和审查施工组织设计等质量预控；在施工过程中通过重要技术复核、工序操作检查、隐蔽工程验收和工序成果检查、监督标准、规范的贯彻以及阶段验收和竣工验收，把好质量关。

四是合同管理。从合同条款的拟订、协商、签署、执行情况的检查和分析等环节进行组织管理，通过合同管理体现"三大目标控制"的任务要求。

五是信息管理。对工程建设活动需要的或产生的各类信息的运动和利用等进行组织管理，以使监理工作高效、有序的进行，为"三大目标控制"服务。

六是组织协调。协调工程建设活动中的各有关要素，如各承包商在时间、空间上的配合协调；以及工程建设与外部环境的协调，如与有关部门和资源供应部门的协调等。

第二节 基础设施建设项目招标与投标

一、招标与投标的概念

建筑工程招标是招标人择优选择施工承包人的一种发包方式；投标则是承包人以投标报价的形式通过竞争获得工程承包合同的一种承揽工程的方法。工程招标与投标是"法人"之间公平、公开地进行的经济活动，受到国家法律的保护和监督。招标人要通过政府部门的招标投标管理办公室注册登记，经招标投标管理办公室审核符合招标条件的项目，才可发布招标公告进行招标。工程招投标应委托有一定资质等级的中介机构完成。

二、招标的方式

工程招标方式包括公开招标、邀请招标和协商议标。

(1) 公开招标。公开招标又称无限竞争性招标,是指招标人通过报纸、广播、电视等以招标公告的方式邀请不特定的法人或者其他组织投标。即招标人按照法定程序,发布招标广告,凡有兴趣并符合广告要求的承包商,不受地域、行业和数量的限制均可以申请投标,经过资格审查合格后,按规定时间参加投标竞争。

按照项目类型可以分为国际性竞争招标和国内竞争招标。国际竞争性招标用于采购大型设备及大型土木工程施工,不同国籍的承包商都会有兴趣参加投标。国内竞争性招标,是通过只在国内刊登广告,按照国内招标办法进行,在不需要或不希望外商参加投标的情况下,政府倾向于国内竞争性招标;也有些项目规模小、地点分散或劳动密集型项目,例如农村的基础设施建设项目一般采用国内竞争性招标。

这种招标方式的优点是,招标人可以在建筑市场上找到可靠的承包人,达到建设质量高、费用低、效益好的目的。对投标人来说,公开招标对投标者的数量不受限制,是无限量的竞争性招标,体现了公开和公平竞争的原则。缺点是标书编制、资格预审和评标工作量大、时间长、招标费用高。

(2) 邀请招标。也称为有限竞争性招标,是指招标单位根据自己的情报或资料,或者请监理单位推荐,根据承包企业的信誉、技术水平、过去承担类似工程的质量、资金、技术力量、设备能力、经营管理水平等条件,邀请几家承包人参加投标。招标人向预先确定的若干家承包单位发邀请函,就招标工程的内容、工作范围和实施条件等做出简要说明,请他们来参加投标竞争。被邀请单位同意参加投标后,从招标人处获取招标文件,并在规定时间内投标报价。此后的工作与公开招标基本相同。邀请招标的邀请对象数量以 5~10 家为宜,但不应少于 3 家,否则就失去了竞争意义。

这种招标方式的特点是不用发布招标通告,不要资格预审,简化了手续,节约了费用和时间;招标人比较容易了解承包人,减少了违约的风险损失；比公开招标竞争性差，可能排除某些技术上和报价上有竞争力的承包人，并且可能提高报价。

（3）协商议标。协商议标也称为谈判议标，由招标人找少数几家施工企业通过双方协商来确定有关事宜，直到与某一承包人达成协议，将工程任务委托其去完成。由于这种方式不具有公开性和竞争性，故未被我国的《招标投标法》采纳。被邀请的协商对象，一般是工程质量好、造价合理、工期短而在长期竞争中赢得信誉的优胜者，有的是同建设单位长期合作共事，建立了互相信赖的良好关系。

采用协商议标时，参加议标的单位应不少于两家。这种方式通常适用于以下几种情况：

一是专业性非常强，需要专门经验或特殊设备的工程或出于保护专利的需要，只能考虑某一符合要求的承包人；二是工程的性质特殊（如军事工程或保密工程），内容复杂，发包时工程量或若干技术细节尚难确定的工程，以及某些边设计边施工的紧急工程；三是工程规模不大，且同已发包的大工程相联系，不宜分割；四是公开招标或选择性邀请招标未能产生中标单位，预计重新组织招标仍不会有结果；五是建设单位打算开发某种新技术，承包人从设计阶段就开始参加合作，实施阶段需要该承包人继续合作。

三、招标与投标的程序

工程招标投标过程一般分为确定项目策略、资格预审、招标和投标、开标、评审投标书、授予合同六个部分。

（1）确定项目策略。项目指业主对一个特定的有形资产，从初步构思到建成竣工验收的全部过程。项目策略的选择属于一项重大决策，确定项目策略包括确定采购方式、招标方式和项目实施的日程表。

1）确定采购方式主要指采用何种项目管理模式，从而才能确定采购方式。如采用传统的模式，则是先找一家咨询设计公司做前期工作的设计和施工工作，项目管理模式确定后，参与项目各方所扮演的角色就明确了，从而才能确定合同方式、各方的权力、义务和风险分担。

2）采购方式确定后就可确定哪些采购工作需要招标，如设计、设备采购、施工等，然后确定招标方式。

3）项目策略阶段业主还会根据项目采购方式和招标方式来确定整个项目的时间进度表，包括项目确定、招标、设计、施工、验收等工作的日期。同时，也规定招标工作的日程表。

（2）对投标人的资格预审。

在工程施工招标过程中，业主一般会对投标人进行资格预审，其目的是通过投标之前的审查，挑选出一批有经验、有能力和具备条件并能圆满完成项目的公司获得投标的资格，同时保证招标具有一定的竞争性。实践中，业主一般会在保证资格合格的前提下，使通过资格预审的公司的数量控制在 6~10 家。

资格预审的程序包括业主方编制资格预审文件、通过刊登广告等方式邀请承包商参加资格预审、向承包商出售资格预审文件、承包商填写资格预审文件并送交业主方、由业主方对所有的资格预审文件进行审查，最后确定通过资格预审的公司，并通知所有的申请人。

（3）招标和投标。

1）招标。招标工作正式开始前，业主一般会作大量的准备工作，其中最主要的是编写一份招标文件。招标文件是制定合同的基础，其中 95% 左右的内容将要进入正式的合同，往往被看做合同的草案。业主方在大多数情况下都是聘请咨询公司编制招标文件。招标文件内容包括：投标邀请书、投标人须知、招标资料表、合同条件（通用、专用）、技术规范、图纸、投标书、工程量表、投标书附录和投标保函格式、协议格式、其他保函格式等。一般投标邀请书和投标人须知不进入合同。另外招标文件的颁发一般采取出售形式。招标文件只邮寄给那些通过资格预审的公司。

2）投标人现场考察。投标人现场考察是指业主方在投标人购置招标文件后的一定时间（一般为一个月左右），组织投标人考察项目所在现场的一种活动。其目的是为了让投标人有机会考察了解现场的实际情况。一般现场考察都与投标人会议一并进行，有关组织工作由业主方负责，投标人自费参加该项活动。

3）投标人质疑。投标人质疑包括信函答复方式或召开投标人会议方式，或两者同时采用。一般采用现场考察与投标人会议相结合的方式。业主往往要求投标人在规定时间内将质疑的问题书面提交业主方，也允许在会议中提问。业主在会议上应就所有的问题，向投标人进行解答，但问题解答中不应提及问题的质疑人，并将会议内容整理为书面会议纪要。业主应说明此类书面会议纪要及问题解答是否作为招标文件的补遗。如果是，则应将之视为正式招标文件的内容。

4）招标文件补遗。招标文件补遗应编有序号，并应由每个投标人正式签收，因为招标文件补遗是构成正式招标文件的一部分。补遗的内容大多出于业主方对原有招标文件的解释、修改或增删，也包括在投标人会议上对一些问题的解答和说明。一般业主尽量避免在招标期的后一段时间颁发补遗，这样将使承包商来不及对其投标书进行修改，如果颁发补遗太晚就应延长投标期。

5）投标书的提交和接收。投标人应在招标文件规定的投标截止日期之前，将完整的投标书按要求密封、签字之后送交业主方。业主方应由专人签收保存；开标之前不得启封。如果投标书的递交迟于投标截止日期，一般将被原封不动地退回。

（4）开标。开标指规定的正式开标日期时间（一般应为提交投标书截止日期的同一时间），业主方在正式的开标会上启封每一个投标人的投标书，业主方在开标会上只宣读投标人名称、投标价格、和投标文件的其他主要内容检查是否提交了投标保证。同时也要宣读因迟到等原因而被取消投标资格的投标人的名称。一般开标应采取公开开标,也可采取限制性开标,只邀请投标人和有关单位参加。

(5) 评标。评标内容有评审投标书、澄清有偏差的投标书、裁定投标书和废标。

1) 评审投标书。主要工作是审查每份投标书是否符合招标文件的规定和要求,也包括核算投标报价有无运算方面的错误。如果有,则要求投标人一同核算并确认改正后的报价。如果投标文件有原则性地违背招标文件之处,或投标人不确认其投标书报价运算中的错误,则投标书应被拒绝并退还投标人。投标保证金将被没收。

2) 澄清有偏差的投标书。在评审投标书后,业主方一般要求报价最低的几个投标人澄清其投标书中的问题,包括投标书中的偏差。业主方可以接受此投标书,但在评标时由业主方将此偏差的资金价值采用"折价"方式计入投标价。如果因投标书包含的偏差太大而不可能决定偏差的资金价值,则一般认为投标书不符合要求,将之退还投标人。除非投标人声明确认撤回偏差,并不对投标价作任何修改,业主才能接受此投标书。

3) 裁定投标书。对投标书的裁定一般简称决标,指业主在综合考虑了投标书的报价、技术方案以及商务方面的情况后,最后决定选中哪一家承包商中标。

4) 废标。废标是指由于下列原因而宣布此次招标作废,取消所有投标,这些原因包括每个投标人的报价都大大高于业主的标底;每一份投标书都不符合招标文件的要求;收到的投标书太少,一般指不多于3份。此时业主方应通知所有的投标人,并退还他们的投标保证金。

(6) 授予合同。授予合同包括以下几个步骤:

1) 签发中标函。在经过决标确定中标人之后,业主要与中标人进行深入的谈判,将谈判中达成的一致意见写成一份误解备忘录。此备忘录经双方签字确认后,业主即可向此投标人发出中标函。如果谈判达不成一致,则业主即与评标价第二低的投标人谈判。将构成合同协议书的文件之一并优选于其他合同文件。

2）履约保证。履约保证是指投标人在签订合同协议书时或在规定的时间内，按招标文件规定的格式和金额，向业主方提交的一份担保性文件，保证承包商在合同期间认真履约。如果投标人未能按时提交履约保证，则投标保证金将被没收，业主再与第二个投标人谈判签约。

3）编制合同协议书。一般均要求业主与承包商正式签订一份合同协议书，业主将准备此协议书。协议书中除规定双方基本的权利、义务以外，还应列出所有的合同文件。

4）通知未中标的投标人。只有在承包商与业主签订了合同协议书并提交了履约保证以后，业主才将投标保证金退还承包商。招标工作至此正式告一段落。此时业主应通知所有未中标的投标人并退还他们的投标保证金。

第三节 招标文件的准备

一、招标文件的主要内容

招标文件可由招标人自行准备，也可委托有关中介机构代办。招标文件是编制标书的主要依据，内容应满足投标人投标的要求。招标文件主要包括以下内容，见图5-5所示。

（1）投标须知及投标须知前附表。

1）投标须知主要包括总则、招标文件、投标文件的编制、投标文件的提交、开标、评标及合同的授予等。具体内容如下所述：

总则部分包括工程情况说明、招标范围及工期、资金来源、合格的投标人、踏勘现场、投标费用。

招标文件包括招标文件的组成、招标文件的澄清、招标文件的修改。

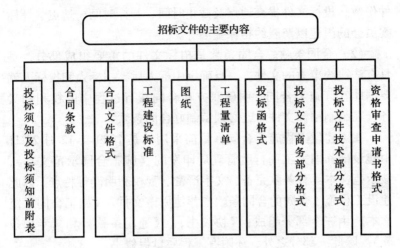

图 5-5 招投标文件的主要内容

投标文件的编制包括规定投标文件的语言及度量衡单位、投标文件的组成、投标文件格式、投标报价、投标货币、投标有效期、投标担保、投标人的替代方案、投标文件的份数和签署等。

投标文件的提交包括明确投标文件的装订、密封和标记、投标文件提交的时间和地点、投标文件提交的截止时间、迟交的投标文件处理、投标文件的补充、修改与撤回等。

开标包括开标时间、地点、参加开标的人、开标程序和投标文件的有效性。

评标包括评标委员会的组成；评标及评标过程的保密、投标文件的澄清，投标文件的初步评审，投标文件计算错误的修正，投标文件的评审、比较和否决。

合同的授予主要包括合同授予标准、招标人拒绝投标的权力、中标通知书、合同协议书的签订、履约担保等。

2）投标须知前附表内容包括工程名称、建设地点、出资比例，资金落实情况、质量要求、招标范围、工期要求、资金来源、投标人资质等级要求、资格审查方式、工程报价方式、投标有效期、投标担保金额、踏勘现场、投标人的替代方案、投标文

73

件份数、投标文件提交地点及截止时间、开标时间、地点、评标委员会的组建以及履约担保金额等。

（2）合同条款。合同条款是招标文件的重要组成部分，是具有法律约束力的文件。一旦确定中标人后，招标人和投标人就要据此签订施工合同，明确双方在合同履行过程中的权利和义务。在编制招标文件时，必须编制好合同条款。

我国建设工程施工合同，目前采用的是1999年12月24日由建设部和国家工商行政管理局印发的《施工合同示范文本》，该示范文本具有条款完备、文字严密、责权利明确等特点。因此建设工程施工合同的合同条款推荐使用该文件。《施工合同示范文本》由三个部分组成：《协议书》、《通用条款》和《专用条款》。除此三部分之外，还附有工程质量保修书。

招标文件中合同条款一般为通用条款中主要内容。其协议书和专用条款中大部分内容均反映在实施承包合同中。通用条款中内容主要包括词语定义及合同文件、双方一般权利和义务、施工组织设计和工期、质量与检验、安全施工、合同价款与支付、材料设备供应、工程变更、竣工验收与结算、违约（索赔）和争议等。

（3）合同文件格式。合同文件格式主要包括合同协议书、房屋建筑工程质量保修书、承包人银行履约保函、承包人履约担保书、承包人预付款银行保函、发包人支付担保银行保函和发包人支付担保书等。

（4）工程建设标准。招标文件中应明确招标工程项目的材料、设备、施工须达到的一些国家、地方和行业的现行工程建设标准、规范的要求，包括工程测量规范、施工质量验收规范等。除此之外，还应列出特殊项目的施工工艺标准和要求。

（5）图纸。图纸包括效果图、施工图等。设计图纸的深度可随设计阶段和相应的招标阶段而有所不同。工程施工阶段招标则应尽可能提供详细的设计图纸。

（6）工程量清单。对于采用综合单价或工程量清单计价招标的工程应附工程量清单表。工程量清单是投标人计算报价和招标人评标的依据。工程量清单通常以单位工程为对象，列出每一分部分项工程的项目编码、项目名称、计量单位和工程量。

（7）投标函格式。投标函格式主要包括法定代表人的身份证明书、投标文件签署权委托书、投标函、投标函附录、投标担保银行保函格式、投标担保书、招标文件要求投标人提交的其他投标资料等。

（8）投标文件商务部分格式。

1）综合单价形式应包括投标报价说明、投标报价汇总表、主要材料清单报价表、设备清单报价表、工程量清单报价表、措施项目报价表、其他项目报价表、工程量清单项目价格计算表和其他资料。

2）工料单价形式应包括投标报价说明、投标报价汇总表、主要材料清单报价表、设备清单报价表、单位工程工料价格计算表、单位工程费用计算表和其他资料。

（9）投标文件技术部分格式。投标文件技术部分内容应包括施工组织设计、项目管理机构配备情况、拟分包项目情况表。其中施工组织设计包括施工组织设计的基本内容说明和有关图表、拟投入的主要施工机械设备表、劳动力计划表、计划开、竣工日期和施工进度网络图、施工总平面图、临时用地表。

（10）资格审查申请书格式。对于采用资格后审的招标工程，招标文件中应列有资格审查申请书说明要求和有关表格要求。

二、合同类型与计价方法

投标人中标后签订承包合同，工程项目总承包应包括项目建设的全过程。在全过程的不同阶段可以签订不同内容的承包合同。合同类型的选择要考虑项目的规模、工期长短、项目的竞争对手、项目的复杂程度、单项工程的明确情况、项目准备时间的长短、项目的外部环境、项目的承包方式或结算方式等。

以付款方式进行划分，合同可以分为以下几种：

（1）总价合同。总价合同，是指根据合同规定的工程施工内容和有关条件，业主应付给承包商的款额是一个规定的金额，即明确的总价。总价合同也称作总价包干合同，即根据施工招标时的要求和条件，当施工内容和有关条件不发生变化时，业主付给承包商的价款总额就不发生变化。

总价合同包括固定总价合同和变动总价合同。

1）固定总价合同。合同双方以招标图纸和工程量等说明为依据，承包人按投标时业主接受的合同价格承包实施，并一笔包死。合同履行过程中，如果业主没有要求变更原定的承包内容，完满实施承包工作内容后，不论承包商的实际成本是多少，均应按合同价获得项目款的支付。采用这种合同形式，承包商要考虑承担合同履行过程中的主要风险，因此，投标报价一般较高。

固定总价合同的适用条件一般为：一是工程量小、工期短，估计在施工过程中环境因素变化小；工程条件稳定并合理；二是工程设计详细；图纸完整、清楚；工程任务和范围明确；三是工程结构和技术简单、风险小；四是投标期相对宽裕，承包人可以有充足的时间详细考察现场、复核工程量，分析投标文件，拟订施工计划；五是合同条件中双方的权利和义务十分清楚；合同条件完备。

2）变动总价合同。变动总价合同又称可调整总价合同，合同价格是以图纸及规定、规范为基础，按照时价进行计算，得到包括全部工程任务和内容的暂定合同价格。它是一种相对固定的价格，在合同执行过程中，由于通货膨胀等原因而使所使用的工、料成本增加时，可以按照合同约定对合同总价进行相应的调整。同时由于设计变更、工程量和其他工程条件变化等所引起的费用变化也可以进行调整。因此，通货膨胀等不可预见因素的风险由业主承担，对承包商而言，其风险相对较小。但对业主而言，不利于其进行投资控制，因此突破投资的风险就增大了。

常用的调价方法有以下几种：

一是文件证明法。合同履行期间，当合同内约定的某一级以上有关主管部门或地方建设行政管理机构颁发价格调整文件时，按文件规定执行。

二是票据价格调整法。票据调整法是指合同履行期间，承包商依据实际采购的票据和用工量，向业主实报实销与报价单中该项内容所报基价的差额。这种计价方式和合同，应在条款中明确约定允许调整价格的内容和基价，凡未包括在其范围内的项目尽管也受到了物价浮动的影响但不作调整，按双方应承担的风险来对待。

三是公式调价法。常用的调价公式可以概括为如下形式：

$$C = C_0 \left(a_0 + a_1 \frac{M}{M_0} + a_2 \frac{L}{L_0} + \cdots + a_n \frac{T}{T_0} - 1 \right)$$

式中　　C——合同价格调整后应予以增加或扣减的金额；

C_0——阶段支付时或一次结算时，承包人在该阶段按合同约定计算的应得款；

M、L、T——分别代表合同内约定允许调整价格项目的价格指数（如分别代表材料费、人工费、运输费、燃料费等），字母带脚标"0"的项为签订合同时该项费用的基价；分子项为支付结算时的现行基价；

a_0——非调价因子的加权系数，即合同价格内不受物价浮动影响或不允许调价部分在合同价格内所占的比例；

a_1、a_2、$\cdots a_n$——相应于各有关调价项的加权系数，一般通过对工程概算分解确定，各项加权系数之和应等于1，即 $a_1 + a_2 + \cdots + a_n = 1$。

（2）单价合同。单价合同是指承包人按工程量报价单分项工作内容填报单价，以实际完成工程量乘以所报单价，计算结算款的合同。承包人所填报的单价应为计算各种摊销费用以后的综合单价，而非直接费单价。合同履行过程中无特殊情况，一般不得变更单价。单价合同的执行原则是，工程量清单中分项开列的工程量，在合同实施过程中允许有上下浮动变化，但该项工作内容的单价不变,结算支付时以完成工程量为依据。因此,按投标书报价单中预计工程量乘以所报单价计算的价格,并不一定就是承包人完满实施合同中规定的任务后所获得的全部款项,可能比它多,也可能比它少。

单价合同大多用于工期长、技术复杂、实施过程中发生各种不可预见因素较多的大型复杂工程的施工,以及业主为了缩短项目建设周期,初步设计完成后就进行施工招标的工程。单价合同的工程量清单内所开列的工程量为估计工程量,而非准确工程量。

单价合同的类型包括固定单价合同和变动单价合同两种。当采用固定单价合同,无论发生哪些影响价格的因素都不对单价进行调整,因而对承包人而言就存在一定的风险;当采用变动单价合同时,合同双方可以约定一个估计的工程量,当实际工程发生变化较大时对单价进行调整及如何调整。也可以约定当通货膨胀达到一定水平或者国家政策发生变化时对哪些工程内容的单价进行调整以及如何调整。因此,承包人的风险相对较小。单价合同适用于工期较短、工程量变化幅度不大的项目。

(3) 成本加酬金合同。成本加酬金合同是将工程项目的实际投资划分为直接成本费和承包人完成工作后应得酬金两部分。实施过程中发生的直接成本费由业主实报实销,另按合同约定的方式给承包人相应的报酬。成本加酬金合同大多适用于边设计、边施工的紧急工程或灾后修复工程。由于在签订合同时,业主还不能提供可供承包人准确报价的详细资料,因此,在合同内只能商定酬金的计算办法。

成本加酬金合同通常用于如下情况:

1) 工程特别复杂,工程技术、结构方案不能确定,或者尽管可以确定工程技术和结构方案但不可能以总价合同形式确定承包人,如研究开发性质的工程项目。

2) 时间特别紧迫,来不及进行详细的计划和商谈,如抢救、救灾工程项目。

按照酬金的计算方法不同,成本加酬金合同又可分为成本加固定百分比酬金合同、成本加固定酬金合同、成本加浮动酬金合同及目标成本加奖惩合同四种类型。

1) 成本加固定百分比酬金合同。签订合同时双方约定,酬金按实际发生的直接成本费乘某一具体百分比计算。这种合同的工程总造价表达式为:

$$C = C_d(1 + P)$$

式中　C——总造价;

　　　C_d——实际发生的直接费;

　　　P——双方事先商定的酬金固定百分比。

从式中可以看出,承包商可获得的酬金将随着直接成本费的增大而增加。虽然合同签订时简单易行,但是不能鼓励承包商在实施过程中关心缩短工期和成本。

2) 成本加固定酬金合同。酬金在合同内约定为某一固定值。计算表达式为:

$$C = C_d + F$$

式中　F——双方约定的酬金具体数额。

这种形式的合同虽然也不能鼓励承包商关心降低直接成本,但从尽快获得全部酬金减少管理投入出发,承包商也会关心缩短工期。

3) 成本加浮动酬金合同。签订成本时,双方预先约定该工程的预期成本和固定酬金,以及实际发生的直接成本与预期成本比较后的奖罚计算办法。计算表达式为:

$$C = C_d + F \qquad (C_d = C_0)$$
$$C = C_d + F + \Delta F \qquad (C_d < C_0)$$
$$C = C_d + F - \Delta F \qquad (C_d > C_0)$$

式中　C_0——签订合同时双方约定的预期成本;

　　　ΔF——酬金奖罚部分,可以是百分比,也可以是绝对数,而且奖罚可以不是相同计算标准。

这种合同通常规定,当实际成本超支而减少酬金时,以原定的基本酬金额为减少的最高限额。从理论上讲，这种合同形式对双方都没有太大风险，又能促使承包商关心降低成本和缩短工期。但实践中如何准确地估算作为奖罚标准的预期成本较为困难，往往也是双方谈判的焦点。

4）目标成本加奖罚合同。在仅有粗略的初步设计或工程说明书就迫切需要开工的情况下，可以根据大致估算的工程量和适当的单价表编制粗略概算作为目标成本。随着设计的逐步深化，工程量和目标成本可以加以调整。签订合同时，以当时估算的目标成本作为依据，并以百分比形式约定基本酬金和奖罚酬金的计算办法。最后结算时，如果实际直接成本超过目标成本事先商定的界限（5%），则在基本酬金内按约定百分比扣减一部分酬金；反之，如有节约时（也应有一个幅度界限），则应增加酬金。计算公式为：

$$C = C_d + P_1 C_0 + P_2 (C_0 - C_d)$$

式中　C——目标成本；

　　　P_1——基本酬金计算百分比；

　　　P_2——奖罚酬金计算百分比。

此外，还可以另行约定工期奖罚计算办法。这种合同鼓励承包商节约成本和缩短工期，业主和承包商都不会承担太大风险。

(4) 成本加酬金合同的特点

1）对业主而言，一是可以通过分段施工缩短工期，而不必等待所有施工图完成才开始招标和施工；二是可以减少承包人的对立情绪，承包人对设计变更和不可预见条件的反应会比较积极和快捷；三是可以利用承包人的施工技术专家，帮助改进或弥补设计中的不足；四是业主可以根据自身力量和需要，较深入地介入和控制工程施工和管理；五是可以通过确定最大保证价格约束工程成本不超过某一限值，从而转移一部分风险。

2）对承包人而言，这种合同比固定总价合同的风险低，利润比较有保证，因而有积极性。

不同计价方式合同类型的比较，参见表5-1。

不同计价方式合同类型的比较　　　　表 5-1

合同类型	总价合同	单价合同	成本加酬金合同			目标成本加奖罚
			百分比酬金	固定酬金	浮动酬金	
应用范围	广泛	广泛	有局限性			酌情
发包人投资控制	易	较易	最难	难	不易	有可能
承包人风险	风险大	风险小	基本无风险		风险不大	有风险

三、工程量清单与计价表格

（1）工程量清单。工程量清单（Bill of Quantity），是表现拟建工程的分部分项工程项目、措施项目、其他项目的项目编码、项目名称、计量单位和工程数量的详细清单。

工程量清单是招标文件的重要组成部分，一般由分部分项工程量清单、措施项目清单和其他项目清单组成。工程量清单的基本功能是作为拟建工程信息的载体，为潜在的投标者编制报价提供必要的信息。除此之外，还具有以下作用：

1）为投标者提供了一个公开、公平、公正的竞争前提；
2）是工程计价、询价和评标的基础；
3）为施工过程中按工程进度付款提供依据；
4）为办理工程结算、竣工结算及工程索赔提供了重要依据。

要保证工程造价的合理确定和控制，工程量清单的准确性十分重要。

（2）工程量清单格式。工程量清单应采用统一格式进行编制，工程量清单格式应由下列内容组成（图 5-6）。

工程量清单格式
- 封面
- 总说明
- 分部分项工程量清单与计价表（表5-2）
- 措施项目清单与计价表（一）（表5-3）
- 措施项目清单与计价表（二）（表5-4）
- 其他项目清单与计价汇总表（表5-5）
  - 暂列金额明细表（表5-6）
  - 材料暂估单价表（表5-7）
  - 专业工程暂估价表（表5-8）
  - 计日工表（表5-9）
  - 总承包服务费计价表（表5-10）
- 规费、税金项目清单与计价表（表5-11）

图5-6 工程量清单格式

分部分项工程量清单与计价表　　　　　　表5-2

工程名称：　　　　标段：　　　　　　　　第　页　共　页

序号	项目编码	项目名称	项目特征描述	计量单位	工程量	金额（元）		
						综合单价	合价	其中：暂估价
			本页小计					
			合计					

注：根据建设部、财政部发布的《建筑安装工程费用组成》（建标〔2003〕206号）的规定，为计取规费等的使用，可在表中增设其中："直接费"、"人工费"或"人工费+机械费"。

措施项目清单与计价表（一）　　　　　　表5-3

工程名称：　　　　标段：　　　　　　　　第　页　共　页

序号	项目名称	计算基础	费率（%）	金额（元）
1	安全文明施工费			
2	夜间施工费			

续表

序号	项目名称	计算基础	费率（%）	金额（元）
3	二次搬运费			
4	冬雨期施工			
5	大型机械设备进出场及安拆费			
6	施工排水			
7	施工降水			
8	地上、地下设施、建筑物的临时保护设施			
9	已完工程及设备保护			
10	各专业工程的措施项目			
11				
12				
	合计			

注：1. 本表适用于以"项"计价的措施项目。

2. 根据建设部、财政部发布的《建筑安装工程费用组成》（建标［2003］206号）的规定，"计算基础"可为"直接费"、"人工费"或"人工费+机械费"。

措施项目清单与计价表（二）　　　表5-4

工程名称：　　　标段：　　　　　　　　第　页　共　页

序号	项目编码	项目名称	项目特征描述	计量单位	工程量	金额（元）	
						综合单价	合价
	本页小计						
	合计						

注：本表适用于以综合单价形式计价的措施项目。

其他项目清单与计价汇总表   表 5-5

工程名称：　　　　　标段：　　　　　　　　　　第 页 共 页

序号	项目名称	计量单位	金额（元）	备注
1	暂列金额			
2	暂估价			
2.1	材料暂估价			
2.2	专业工程暂估价			
3	计日工			
4	总承包服务费			
5				
	合计			—

注：材料暂估单价进入清单项目综合单价，此处不汇总。

暂列金额明细表   表 5-6

工程名称：　　　　　标段：　　　　　　　　　　第 页 共 页

序号	项目名称	计量单位	暂定金额（元）	备注
1				
2				
3				
	合计			—

注：此表由招标人填写，如不能详列，也可只列暂定金额总额，投标人应将上述暂列金额计入投标总价中。

材料暂估单价表   表 5-7

工程名称：　　　　　标段：　　　　　　　　　　第 页 共 页

序号	材料名称、规格、型号	计量单位	单价（元）	备注

注：1. 此表由招标人填写，并在备注栏说明暂估价的材料拟用在哪些清单项目上，投标人应将上述材料暂估单价计入工程量清单综合单价报价中。

2. 材料包括原材料、燃料、构配件及按规定应计入建筑安装工程造价的设备。

专业工程暂估价表　　　　　　　　表 5-8

工程名称：　　　　标段：　　　　　　　　　第　页　共　页

序号	工程名称	工程内容	金额（元）	备注
	合计			

注：此表由招标人填写，投标人应将上述专业工程暂估价计入投标总价中。

计日工表　　　　　　　　表 5-9

工程名称：　　　　标段：　　　　　　　　　第　页　共　页

编号	项目名称	单位	暂定数量	综合单价	合价
一	人工				
1					
2					
	人工小计				
二	材料				
1					
2					
	材料小计				
三	施工机械				
1					
2					
	施工机械小计				
	总计				

注：此表项目名称、数量由招标人填写，编制招标控制价时，单价由招标人按有关计价规定确定；投标时，单价由投标人自主报价，计入投标总价中。

总承包服务费计价表 表 5-10

工程名称： 标段： 第 页 共 页

序号	项目名称	项目价值（元）	服务内容	费率（%）	金额（元）
1	发包人发包专业工程				
2	发包人供应材料				
合计					

规费、税金项目清单与计价表 表 5-11

工程名称： 标段： 第 页 共 页

序号	项目名称	计算基础	费率（%）	金额（元）
1	规费			
1.1	工程排污费			
1.2	社会保障费			
(1)	养老保险费			
(2)	失业保险费			
(3)	医疗保险费			
1.3	住房公积金			
1.4	危险作业意外伤害保险			
1.5	工程定额测定费			
2	税金	分部分项工程费+措施项目费+其他项目费+规费		
合计				

注：根据建设部、财政部发布的《建筑安装工程费用组成》（建标［2003］206号）的规定，"计算基础"可为"直接费"、"人工费"或"人工费+机械费"。

（3）工程量清单计价格式与填写要求。工程量清单计价采用综合单价计价，采用统一格式进行编制。根据工程量清单计价

规范,工程量清单计价格式应由下列内容组成:

1) 投标总价(见表5-12)。
2) 总说明。
3) 工程项目招标控制价/投标报价汇总表(见表5-13)。
4) 单项工程招标控制价/投标报价汇总表(见表5-14)。
5) 单位工程招标控制价/投标报价汇总表(见表5-15)。
6) 分部分项工程量清单与计价表(见表5-2)。
7) 工程量清单综合单价分析表(见表5-16)。
8) 措施项目清单与计价表(一)(见表5-3)。
9) 措施项目清单与计价表(二)(见表5-4)。
10) 其他项目清单与计价汇总表(见表5-5)。
11) 暂列金额明细表(见表5-6)。
12) 材料暂估单价表(见表5-7)。
13) 专业工程暂估价表(见表5-8)。
14) 计日工表(见表5-9)。
15) 总承包服务费计价表(见表5-10)。
16) 规费、税金项目清单与计价表(见表5-11)。

投标总价 表5-12

招 标 人:_____

工 程 名 称:_____

投 标 总 价(小写):_____
　　　　　(大写):_____

投 标 人:_____
　　　　　(单位盖章)

法定代表人
或其授权人:_____
　　　　　(签字或盖章)

编 制 人:_____
　　　　　(造价人员签字盖专用章)

编制时间:年 月 日

工程项目招标控制价/投标报价汇总表 表5-13

工程名称： 第 页 共 页

序号	单项工程名称	金额（元）	其中		
			暂估价（元）	安全文明施工费（元）	规费（元）
合计					

注：本表适用于工程项目招标控制价或投标报价的汇总。

单项工程招标控制价/投标报价汇总表 表5-14

工程名称： 第 页 共 页

序号	单位工程名称	金额（元）	其中		
			暂估价（元）	安全文明施工费（元）	规费（元）
合计					

注：本表适用于单项工程招标控制价或投标报价的汇总。暂估价包括分部分项工程中的暂估价和专业工程暂估价。

单位工程招标控制价/投标报价汇总表 表5-15

工程名称： 标段： 第 页 共 页

序号	汇总内容	金额（元）	其中：暂估价（元）
1	分部分项工程		
1.1			
1.2			
2	措施项目		
2.1	安全文明施工费		
3	其他项目		
3.1	暂列金额		
3.2	专业工程暂估价		
3.3	计日工		

续表

序号	汇总内容	金额（元）	其中：暂估价（元）
3.4	总承包服务费		
4	规费		
5	税金		
招标控制价合计 = 1 + 2 + 3 + 4 + 5			

注：本表适用于单位工程招标控制价或投标报价的汇总，如无单位工程划分，单项工程也使用本表汇总。

工程量清单综合单价分析表　　表 5-16

工程名称：　　　　标段：　　　　　　　　　第　页　共　页

项目编码		项目名称			计量单位			

清单综合单价组成明细

定额编号	定额名称	定额单位	数量	单价				合价			
				人工费	材料费	机械费	管理费和利润	人工费	材料费	机械费	管理费和利润
人工单价			小计								
元/工日			未计价材料费								
清单项目综合单价											

材料费明细	主要材料名称、规格、型号	单位	数量	单价（元）	合价（元）	暂估单价（元）	暂估合价（元）
	其他材料费			—		—	
	材料费小计			—		—	

注：1. 如不使用省级或行业建设主管部门发布的计价依据，可不填定额项目、编号等。

2. 招标文件提供了暂估单价的材料，按暂估的单价填入表内"暂估单价"栏及"暂估合价"栏。

四、合同条件

FIDIC《土木工程施工合同条件》包括通用条件、专用条件、标准化附件。

(1) 通用条件。通用条件的内容涉及工程项目施工阶段业主和承包商各方的权利和义务；工程师的权力和职责；各种可能预见的事件发生后的责任界限；合同履行过程中各方应遵循的工作程序等。

合同条件适用于工业民用建筑、水电工程、公路铁路交通等各建筑行业，共72条194款。大致可以分成权义性条款、管理性条款、经常性条款、技术性条款和法规性条款等。相关的条款之间，既相互联系起到补充作用，又相互制约起到保证作用。

通用条件内容包括定义与解释；工程师及工程师代表；转让与分包；合同文件；一般义务，劳务，材料、工程设备和工艺；暂时停工；开工和延误；缺陷责任；变更、增添和省略；索赔程序；承包商的设备；临时工程和材料；计量；暂定金额；指定的分包商；证书与支付；补救措施；特殊风险；解除履约合同；争议的解决；通知；业主的违约；费用和法规的变更以及货币和汇率等。

(2) 专用条件。专用条件是根据建设项目的工程专业特点，针对通用条件中条款的规定，进行选择、补充或修改，使通用条件和专用条件两部分相同序号组成的条款内容更加完备。通用条件和专用条件一起，构成了决定合同各方权利和义务的条件。专用条件中条款的约定通常为以下几种情况：

1) 通用条款中要求在专用条款中提供具体的信息；
2) 通用条款中提到在专用条件中有包括补充材料的地方；
3) 修改或者删除对本工程不适用的条款；
4) 增加通用条件中没有约定的条款；
5) 要求承包商使用的标准文件格式规定。

(3) 标准化附件。合同文件除了通用条件和专用条件以外，还包括标准化附件，即投标书和协议书。投标书中的空格只需投标人填写具体内容，就可与其他材料一起构成投标文件。投标书附件是针对通用条件中某些具体条款需要作出具体规定的明确条件，如工期、费用的明确数值，以便承包商在投标时予以考虑，并在合同履行期间作为双方遵照执行的依据。这些详细数字，要求在标书发出以前由招标单位填写好。协议书是业主和中标的承包商签订施工合同的标准文件，只要双方在空格内填入相应的内容，并签字或盖章即可生效。

五、招标文件范例

招标文件由以下四部分组成，下面分别说明。

1. 招标文件封面（表5-17）

招标文件封面　　　　　　　　　表5-17

_____（项目名称）_____标段施工招标

招标文件

招标人：_____（盖单位章）

_____年_____月_____日

2. 招标文件目录（表5-18）

目　　录　　　　　　　　表5-18

第一章	招标公告或投标邀请书	页
第二章	投标人须知	页
第三章	评标办法	页
第四章	合同条款及格式	页
第五章	工程量清单	页
第六章	图纸	页
第七章	技术标准和要求	页
第八章	投标文件格式	页

3. 投标须知前附表（表5-19）

投标须知前附表 表5-19

条款号	条款名称	编列内容
1.1.2	招标人	名称： 地址： 联系人： 电话：
1.1.3	招标代理机构	名称： 地址： 联系人： 电话：
1.1.4	项目名称	
1.1.5	建设地点	
1.2.1	资金来源	
1.2.2	出资比例	
1.2.3	资金落实情况	
1.3.1	招标范围	
1.3.2	计划工期	计划工期：_____日历天 计划开工日期：_____年_____月_____日 计划竣工日期：_____年_____月_____日
1.3.3	质量要求	
1.4.1	投标人资质条件、能力和信誉	资质条件： 财务要求： 业绩要求： 信誉要求： 项目经理（建造师，下同）资格： 其他要求：

续表

条款号	条款名称	编列内容
1.4.2	是否接受联合体投标	□不接受 □接受，应满足下列要求：
1.9.1	踏勘现场	□不组织 □组织，踏勘时间： 　　　　踏勘集中地点：
1.10.1	投标预备会	□不召开 □召开，召开时间： 　　　　召开地点：
1.10.2	投标人提出问题的截止时间	
1.10.3	招标人书面澄清的时间	
1.11	分包	□不允许 □允许，分包内容要求： 　　　　分包金额要求： 　　　　接受分包的第三人资质要求：
1.12	偏离	□不允许 □允许
2.1	构成招标文件的其他材料	
2.2.1	投标人要求澄清招标文件的截止时间	
2.2.2	投标截止时间	___年___月___日___时___分
2.2.3	投标人确认收到招标文件澄清的时间	
2.3.2	投标人确认收到招标文件修改的时间	
3.1.1	构成投标文件的其他材料	
3.3.1	投标有效期	

续表

条款号	条款名称	编列内容
3.4.1	投标保证金	投标保证金的形式： 投标保证金的金额：
3.5.2	近年财务状况的年份要求	_____年
3.5.3	近年完成的类似项目的年份要求	_____年
3.5.5	近年发生的诉讼及仲裁情况的年份要求	_____年
3.6	是否允许递交备选投标方案	□不允许 □允许
3.7.3	签字或盖章要求	
3.7.4	投标文件副本份数	_____份
3.7.5	装订要求	
4.1.2	封套上写明	招标人的地址： 招标人名称： _____（项目名称）_____标段投标文件 在__年__月__日__时__分前不得开启
4.2.2	递交投标文件地点	
4.2.3	是否退还投标文件	□否 □是
5.1	开标时间和地点	开标时间：同投标截止时间 开标地点：
5.2	开标程序	（4）密封情况检查： （5）开标顺序：
6.1.1	评标委员会的组建	评标委员会构成：_____人，其中招标人代表_____人，专家_____人； 评标专家确定方式：

续表

条款号	条款名称	编列内容
7.1	是否授权评标委员会确定中标人	□是 □否,推荐的中标候选人数:
7.3.1	履约担保	履约担保的形式: 履约担保的金额:

10	需要补充的其他内容
……	……
……	……

4. 招标文件主体内容的规范要求和格式

应执行《标准施工招标文件》(2007年版)的相关要求。

第四节 建设准备

一、征地、拆迁平整场地

按照建设项目立项审批文件规定的建设用地范围及时办理土地征购手续,申请领取土地规划许可证,抓紧总图规划方案的编制和审批,落实拆迁,做好"三通一平"等总图开发施工,是建设项目实施的第一战役。在此期间工程建设指挥部起着主导的作用。

(1) 清除障碍物。施工场地内的一切障碍物,无论是地上的或是地下的都应在开工前清除。这些工作一般是由建设单位来完成的,但也有委托施工单位来完成的。如果由施工单位来完成这项工作,应注意如下几点:

1) 一定要事先摸清现场情况,尤其是在城市的老区内,由于原有建筑物和构筑物情况复杂,而且往往资料不全,在清除前需要采取相应的措施,防止发生事故。

95

2）对于房屋的拆除一般要把水源、电源切断后才可进行拆除。对于较坚固的房屋和地下老基础，则可采用爆破的方法拆除，但这需要委托有相应资质的专业爆破作业单位来承担，并且必须报经公安部门批准方可实施。

3）架空电线（电力、通信）、地下电缆（包括电力、通信）的拆除，要与电力部门或通信部门联系并办理有关手续后方可进行。

4）自来水、污水、煤气、热力等管线的拆除，应委托专业公司来完成。

5）场地内若有树木，需报园林部门批准后方可砍伐。

6）拆除障碍物后，留下的渣土等杂物都应清除出场外。运输时，应遵守交通、环保部门的有关规定。运土的车辆要按照指定的路线和时间行驶，并采取封闭运输车或在渣土上洒水等措施，以避免渣土飞扬而污染环境。

（2）三通一平。在施工区范围内，接通施工用水、用电、道路和平整场地的工作，简称为"三通一平"。有的工地还需要供应蒸汽、架设热力管线，称为"热通"；架设煤气管道，称为"气通"；通电话作为联络通信工具，称为"话通"；还可能因为施工中的特殊要求，有其他的"通"，但最基本的，对施工现场施工活动影响最大的还是水通、电通、道路通等"三通"。

1）平整施工场地。清除障碍物后，即可进行场地平整工作。平整场地工作是根据建筑施工总平面图规定的标高，通过测量计算出填挖土方工程量，设计土方调配方案，组织人力或机械进行平整工作。如果工程规模较大，这项工作可以分段进行，先完成第一期开工的工程用地范围内的场地平整工作，再依次进行后续的平整工作，为第一期工程项目尽早开工创造条件。

2）修通道路。施工现场的道路是组织施工物资进场的动脉。为保证施工物资能早日进场，必须按施工总平面图的要求，修好现场永久性道路以及必要的临时道路。为节省工程费用，应尽可能利用已有的道路。为使施工时不损坏路面和加快修路速度，可以先修路基或在路基上铺简易路面，施工完毕后，再铺永久性路面。

3）通水。施工现场的通水包括给水和排水两个方面。施工用水包括生产、生活与消防用水。通水应按照施工总平面图的规划进行安排。施工给水设应尽量利用永久性给水线路。临时管线的铺设，既要满足生产用水的需要和使用方便，还要尽量缩短管线。施工现场的排水也十分重要，尤其是在雨季，场地排水不畅，会影响施工和运输的顺利进行，因此要做好排水工作。

4）通电。通电包括施工生产用电和生活用电。通电应按照施工组织设计要求布设线路和通电设备。电源首先应考虑从国家电力系统或建设单位已有的电源上获得。如供电系统不能满足施工生产、生活用电的需要，则应考虑在现场建立发电系统，以保证施工的连续、顺利进行。另外施工中如需要通热、通气或通信，也应该按照施工组织设计要求，提前完成。

(3) 测量放线。测量放线的任务是把图样上所设计好的建筑物、构筑物及管线等测设到地面上或实物上，并用各种标志表现出来，以作为施工的依据。其工作的进行，一般是在土方开挖之前，在施工场地内设置坐标控制网和高程控制点来实现的。这些网点的设置应视工程范围的大小和控制的精度而定。在测量放线前，应对测量仪器进行检验和校正，熟悉并校核施工图样，了解设计意图，校核红线桩与水准点，制定出测量、放线方案。

建筑物定位放线是确定整个工程平面位置的关键环节，实施施工测量中必须保证精度，杜绝错误，否则其后果将难以处理。建筑物定位、放线，一般通过设计图中平面控制轴线来确定建筑物的四廊位置，测定并经自检合格后，提交有关部门和甲方（或监理人员）验线，以保证定位的准确性。沿红线建筑的建筑物放线后，还要由城市规划部门验线，以防止建筑物压红线或超红线，为正常顺利地施工创造条件。

(4) 搭设临时设施。现场生活和生产用的临时设施，在布置安排时，要遵照当地有关规定进行规划布置。如房屋的间距、标准是否符合卫生和防火要求，污水和垃圾的排放是否符合环境的要求等。临时建筑平面图及主要房屋结构图，都应报请城市规划、市政、消防、交通、环境保护等有关部门审查批准。为了施工方便和安全，对于指定的施工用地的周界，应用围栏围挡起来，围栏的形式和材料及高度应符合市容管理的有关规定和要求。在主要入口处设标示牌，标明工程名称、施工单位、工地负责人等。各种生产、生活用的临时设施，包括特种仓库、混凝土搅拌站、预制构件场、机修站、各种生产作业棚、办公用房、宿舍、食堂、文化生活设施等，均应按照批准的施工组织设计规定的数量、标准、面积、位置等要求来组织修建，大、中型工程可分批、分期修建。此外，在考虑施工现场临时设施的搭设时，应尽量利用原有建筑物，尽可能减少临时设施的数量，以便节约用地，节约投资。

二、施工条件准备

为了保证建设项目竣工验收后能及时生产运营，尽快发挥建设投资的效用，必须在建设项目实施阶段，有计划、有步骤地进行各项准备工作。其内容主要有：

（1）组织准备。即企业组织结构和管理制度的建立；明确管理部门业务范围、岗位设置和人员配置；管理者的选拔聘用；企业的劳动定员；技术工人的上岗培训工作等。

（2）物质准备。即生产工、器具；办公家具及设备、用具等的购置；生活服务设施启动条件的落实。

（3）物业管理准备。建立或招请物业管理单位，落实各类生产、办公与生活设施的维护、保养及日常的环境保洁、保安等服务工作。

三、物资准备

物资准备是项目施工必须的物质基础。在施工项目开工之前，必须根据各项资源需要量制订计划，分别落实货源，组织运输和安排好现场储备，使其满足项目连续施工的需要。

物资准备是一项较为复杂而又细致的工作，它包括机具、设备、材料、成品、半成品等多方面的准备。

(1) 建筑材料的准备。建筑材料的准备主要是根据工料分析，按照施工进度计划的使用要求和材料储备定额、消耗定额；分别按照材料名称、规格、使用时间进行汇总，编制出建筑材料需要量计划，为组织备料、确定材料的仓库面积或堆场面积以及组织运输提供依据。建筑材料的准备包括："三材"、地方材料、装饰材料的准备。准备工作应根据材料的需要量计划，组织货源、确定物资加工、供应地点和供应方式，签订物资供应合同。

(2) 构配件及制品加工准备。根据施工预算提供的构件、配件及制品名称、规格、数量和质量，分别确定加工方案和供应渠道，以及进场后的储存地点和方式，编制出其需要量计划，为组织运输和确定堆场面积提供依据。工程项目施工中需要大量的预制构件、门窗、金属构件、水泥制品以及卫生洁具等，这些构件、配件必须事先提出订制加工单。对于采用商品混凝土现浇的工程，则先要到生产单位签订供货合同，注明品种、规格、数量、需要时间及送货地点等。

(3) 施工机具设备的准备。施工所需机具设备门类繁多，如各种土方机械、混凝土、砂浆搅拌设备、垂直及水平运输机械、吊装机械、机具，钢筋加工设备、木工机械、焊接设备、打夯机、抽水设备等，应根据施工方案和施工进度计划确定其类型、数量和进场时间，然后确定其供应方法和进场后的存放地点、方式，编制出施工机具需要量计划，以此作为组织施工机具设备运输和存放的依据。

(4) 模板和脚手架的准备。模板和脚手架是施工现场使用量大、堆放占地大的周转材料。模板及其配件规格多、数量大，对堆放场地要求比较高，一定要分规格、型号整齐码放，便于使用及维修。大型钢模板一般要求立放，并防止倾倒，在现场也应规划出必要的存放场地。钢管脚手架、桥脚手架、吊篮脚手架等都应按指定的平面位置堆放整齐。扣件等零件还应防雨，以防锈蚀。

四、报批开工报告

按规定进行了建设准备和具备了开工条件以后，便可向建设单位申请批准开工。

第五节 建设过程中的三项管理

一、工期管理

工期管理的内容如图 5-7 所示。

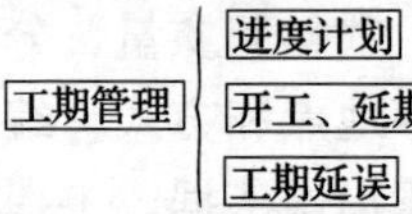

```
                    ┌─ 进度计划
          工期管理 ─┼─ 开工、延期
                    └─ 工期延误
```
图 5-7 工期管理内容

（1）进度计划。承包人应当在专用条款约定的日期，将方式、组织设计和工程进度计划提交工程师。群体工程中采取阶段进行施工的向单项工程师提交。工程师接到承包人提交的进度计划后，应当予以确认或者提出修改意见。工程师逾期不确认也不提出书面意见的，则视为已经同意。但是，工程师对进度计划予以确认或者提出修改意见，并不免除承包人施工组织设计和工程进度计划本身的缺陷所应承担的责任。

（2）开工及延期。开工，承包人应当按协议书约定的开工日期开始施工。承包人不能按时开工，应在不迟于协议书约定的开工日期前七天，以书面形式向工程师提出延期开工的理由和要求。工程师在接到延期开工申请后的 48h 内应以书面形式答复承包人。工程师在接到延期开工申请的 48h 内不答复，视为同意承包人的要求，工期相应顺延。因发包人的原因不能按照协议书约定的开工日期开工，工程师以书面形式通知承包人后，可推迟开工日期。承包人对延期开工的通知没有否决权，但发包人应当赔偿承包人因此造成的损失，并相应顺延工期。

（3）工期延误。承包人应当按照合同约定完成工程施工，如果由于其自身的原因使工期延误，应当承担违约责任。但是，在有些情况下，工期延误后，竣工日期可以相应顺延。因以下原因造成工期延误，经工程师确认，工期应相应顺延：

1）发包人不能按专用条款的约定提供开工条件；

2）发包人不能按约定日期支付工程预付款、进度款，致使工程不能正常进行；

3）工程师未按合同约定提供所需指令、批准等，致使施工不能正常进行；

4）设计变更和工程量增加；

5）一周内非承包人原因停水、停电、停气、停工累计超过8h；

6）不可抗力；

7）专用条款中约定或工程师同意工期顺延的其他情况。

承包人在工期可以顺延的情况发生后 14 天内，应该就延误的工期向工程师提出书面报告，工程师在收到报告 14 天后予以确认，逾期不予确认也不提出修改意见，视为同意顺延工期。

二、建设项目质量管理

1. 施工准备阶段的质量控制

（1）技术资料及文件准备的质量控制：

1）施工项目所在地的自然条件和技术经济条件调查资料应做到周密、详细，对调查资料应科学、妥善保存，以备为施工准备提供依据。

图 5-8 质量管理内容

2）施工组织设计文件的质量控制要求施工顺序、施工方法和技术措施等能保证质量；进行技术经济比较时，使质量和经济效果都要好。

3）要认真收集并学习有关质量管理方面的法律、法规和质量验收标准、质量管理体系标准等。

4）工程测量控制资料应按规定收集、整理和保管。

（2）设计交底和图纸审核的质量控制。这方面的质量控制应通过设计交底、图纸审核（或会审），使施工者了解设计意图、工程特点、工艺要求和质量要求，发现、纠正和减少设计差错，消灭图纸中的质量隐患，作好记录，以保证工程质量。

（3）采购和分包质量控制包括以下内容：

1）项目经理应按质量计划中的物资采购和分包的规定选择和评价供应人，并保存评价记录。

2）采购要求包括：产品质量要求或外包服务要求；有关产品提供的程序要求；对供方人员资格的要求；对供方质量管理体系的要求。采购要求的形式可以是合同、订单、技术协议、询价单及采购计划等。

3）物资采购应符合设计文件、标准、规范、相关法规及承包合同的要求。

4）对采购的产品应根据验证要求规定验证部门及验证方式，当拟在供方现场实施验证时，应在采购要求中事先作出规定。

5）对各种分包服务选用的控制应根据其规模和控制的复杂程度区别对待，一般通过分包合同对分包服务进行动态控制。

2. 施工阶段的质量控制

（1）施工阶段质量控制的内容。施工阶段质量控制的内容涉及范围包括：技术交底、工程测量、材料、机械设备、环境、计量、工序、特殊过程、工程变更以及质量事故处理等。

（2）施工阶段质量控制的要求包括以下内容：

1）技术交底的质量控制应注意交底时间、交底分工、交底内容、交底方式（书面）和交底资料保存。

2）工程测量的质量控制应注意编制控制方案；由技术负责人管理；保存测量记录；保护测量点线。还应注意对原有基准点、基准线、参考标高、控制网的复测和测量结果的复核。

3）材料的质量控制应注意在合格材料供应人名录中选择供应人，按计划采购，按规定进行搬运和储存，进行标识，不合格的材料不准投入使用，发包人供应的材料应按规定检验和验收，监理工程师对承包人供应的材料应进行验证等。

4）机械设备的质量控制应注意按计划进行调配，满足施工需要，配套合理使用，操作人员应进行确认并持证上岗，搞好维修与保养等。

5）为保证项目质量，对环境的要求是建立环境管理体系，实施环境监控，对影响环境的因素进行监控，包括工程技术环境、工程管理环境和劳动环境。

6）计量工作的主要任务是统一计量单位，组织量值传递，保证量值的统一。对计量控制质量的要求是建立计量管理部门、配备计量人员，建立计量规章制度，开展计量意识教育，按规定控制计量器具的使用、保管、维修和检验。

7）工序质量控制应注意作业人员按规定经考核后持证上岗，按操作规程、作业指导书和技术交底文件进行施工，工序的检验和试验应符合过程检验和试验的规定，对查出的质量缺陷按不合格控制程序及时处理，记录工序施工情况，把质量的波动限制在要求的界限内。通过对因素的控制保证工序的质量。

8）特殊过程是指在质量计划中规定的特殊过程，其质量控制要求是设置其工序质量控制点，由专业技术人员编制专门的作业指导书，经技术负责人审批后执行。

9）工程变更质量控制要求严格按程序变更并办理批准手续，管理和控制那些能引起工程变更的因素和条件，要分析提出工程变更的合理性和可行性，当变更发生时，应进行管理，注意分析工程变更引起的风险。

10)成品保护要求首先要加强教育,提高成品保护意识;其次要合理安排施工顺序,采取有效的成品保护措施。成品保护措施包括护、包、盖、封,可根据需要选择。

3. 竣工验收阶段的质量控制

竣工验收阶段的质量控制包括最终质量检验和试验;技术资料的整理;施工质量缺陷的处理;工程竣工验收文件的编制和移交准备;产品防护以及撤场计划。这个阶段的质量控制要求主要有以下几点:

(1)最终质量检验和试验是指单位工程竣工验收前的质量检验和试验,必须按施工质量验收规范的要求进行检验和试验。

(2)对查出的质量缺陷应按不合格控制程序进行处理,处理方案包括修补处理、返工处理、限制使用和不做处理。

(3)应按要求整理技术资料、竣工资料和档案,作好移交准备。

(4)在最终检验和试验合格后,应对产品采取防护措施,防止丢失或损坏。

(5)工程交工后应编制符合文明施工要求和环境保护要求的撤场计划,拆除、运走多余物资,达到场清、地平乃至树活、草青的目的。

三、工程造价管理

1. **工程预付款**

工程预付款是建设工程施工合同订立后由发包人按照合同的约定,在正式开工前预先支付给承包人的工程款。它是施工准备和所需主要材料、结构件等流动资金的主要来源,国内习惯上又称为预付备料款。工程预付款的支付,表明该工程已经实质性启动。

(1)工程预付款的确立。工程预付款的确定,要适应承包的方式,并在施工合同中明确约定。一般建筑工程承包有以下三种方式:

1）包工包全部材料工程。当预付款数额确定后，由建设单位通过其开户银行，将备料款一次性或按施工合同规定分次付给施工单位。

2）包工包部分材料工程。当供应材料范围和数额确定后，建设单位应及时向施工单位结算。

3）包工不包料工程。建设单位不需要向施工单位预付备料款。

（2）工程预付款额度。工程预付款额度，各地区、各部门的规定不完全相同，主要是保证施工所需材料和构件的正常储备。数额太少，备料不足，可能造成生产停工待料；数额太多，影响投资有效使用。一般是根据施工工期、建安工作量、主要材料和构件费用占建安工作量的比例以及材料储备周期等因素经测算来确定。下面简要介绍几种确定额度的方法。

1）百分比法。百分比法是按年度工作量的一定比例确定预付备料款额度的一种方法。各地区和各部门根据各自的条件从实际出发分别制定了地方、部门的预付备料款比例。例如：建筑工程一般不得超过当年建筑（包括水、电、暖、卫等）工程工作量的25％，大量采用预制构件以及工期在6个月以内的工程，可以适当增加；安装工程一般不得超过当年安装工作量的10％，安装材料用量较大的工程，可以适当增加；小型工程（一般指30万元以下）可以不预付备料款，直接分阶段拨付工程进度款等。

2）数学计算法。数学计算法是根据主要材料（含结构件等）占年度承包工程总价的比重、材料储备定额天数和年度施工天数等因素，通过数学公式计算预付备料款额度的一种方法。其计算公式是：

$$工程备料款额度 = \frac{工程总价 \times 材料比重(\%)}{年度施工天数} \times 材料储备定额天数$$

$$工程备料款额度 = \frac{预收备料款数额}{工程总价} \times 100\%$$

公式中：年度施工天数按 365 天计算；材料储备定额天数由当地材料供应的在途天数、加工天数、整理天数、供应间隔天数、保险天数等因素决定。

3）协商议定。关于工程备料款，在较多情况下是通过承发包双方自愿协商一致来确定的。通常建设单位作为投资方，通过投资来实现其项目建设的目标，工程备料款是其投资的开始。在商洽时，施工单位作为承包人，应争取获得较多的备料款，从而保证施工有一个良好的开端。但是，因为备料款实际上是发包人向承包人提供的一笔无息贷款，可使承包人减少自己垫付的周转资金，从而影响到作为投资人的建设单位的资金运用，如不能有效控制，则会加大筹资成本，因此，发包人和承包人必然要根据工程的特点，工期长短、市场行情、供求规律等因素，最终经协商确定备料款，从而保证各自目标的实现，达到共同完成建设任务的目的。

由协商议定工程备料款，符合建设工程规律、市场规律和价值规律，必将被建设工程承发包活动越来越多地加以采用。

（3）工程备料款的扣回。发包人支付给承包人的工程备料款其性质是预支。随着工程进度的推进，拨付的工程进度款数额不断增加，工程所需主要材料、构件的用量逐渐减少，原已支付的预付款应以抵扣的方式予以陆续扣回。扣款的方法是从未施工工程尚需的主要材料及构件的价值相当于预付备料款数额时扣起，从每次中间结算工程价款中，按材料及构件比重扣抵工程价款，至竣工之前全部扣清。因此确定起扣点是工程预付款起扣的关键。

确定工程预付款起扣点的依据是：未完施工工程所需主要材料和构件的费用，等于工程预付款的数额。因为，未施工工程主要材料、结构件价值 = 未施工工程价值 × 主要材料费比重。所以，未施工工程价值 × 主要材料费比重 = 预付备料款。即

$$未施工工程价值 = \frac{预付备料款}{主要材料费比重}$$

此时，工程所需的主要材料、结构件储备资金，可全部由预付备料款供应，以后就可陆续扣回备料款。

开始扣回预付备料款时，

$$工程价值 = 年度承包工程总值 - \frac{预付备料款}{主要材料费比重}$$

工程预付款起扣点可按下式计算：

$$T = P - M/N$$

式中 T——起扣点，即预付备料款开始扣回的累计完成工作量金额；

M——预付备料款数额；

N——主要材料，构件所占比重；

P——承包工程价款总额（或建安工作量价值）。

当已完工程超过开始扣回预付备料款时的工程价值时，就要从每次结算工程价款中陆续扣回预付备料款。每次应扣回的数额按下列方法计算：第一次应扣回预付备料款 =（累计已完工程价值 - 开始扣回预付备料款时的工程价值）× 主要材料费比重；以后各次应扣回预付备料款 = 每次结算的已完工程价值 × 主要材料费比重。

在实际工作中，由于工程的情况比较复杂，按工程形象进度的统计，主、次材料采购和使用不可能很精确，因此，工程备料款的回扣方法也可由发包人和承包人通过洽谈用合同的形式予以确定，还可针对工程实际情况具体处理。如有些工程工期较短、造价较低，就无须分期扣还；有些工程工期较长，如跨年度工程，其备料款的占用时间很长，根据需要可以少扣或不扣。

2. 工程进度款的支付

（1）工程进度款的计算。工程进度款的计算，主要涉及两个方面：工程量的核实确认和单价的计算方法。

工程量的核实确认，应由承包人按协议条款约定的时间，向发包人代表提交已完工程量清单或报告和《建设工程施工合同（示范文本）》约定。发包人代表接到工程量清单或报告后7天内按设计图纸核实已完工程数量，经确认的计量结果作为工程价款的依据。发包人代表收到工程量清单或报告后 7 天内未进行计量，从第 8 天起，承包人报告中开列的工程量即视为确认，可作为工程价款支付的依据。

工程进度款单价的计算方法，主要根据由发包人和承包人事先约定的工程价格的计价方法决定。目前一般来讲，工程价格的计价方法可以分为工料单价法和综合单价法两种方法。所谓工料单价法是指单位工程分部分项的单价为直接成本单价，按现行计价定额的人工、材料、机械的消耗量及其预算价格确定；其他直接成本、间接成本、利润（酬金）、税金等按现行计算方法计算。所谓综合单价法是指单位工程分部分项工程量的单价是全部费用单价，既包括直接成本，也包括间接成本、利润（酬金）、税金等一切费用。二者在选择时，既可采取可调价格的方式，即工程价格在实施期间可随价格变化而调整，也可采取固定价格的方式，即工程价格在实施期间不因价格变化而调整，在工程价格中已考虑价格风险因素并在合同中明确了固定价格所包括的内容和范围。

（2）工程进度款的支付。工程进度款的支付，是工程施工过程中的经常性工作，其具体的支付时间、方式都应在合同中作出规定。

1）时间规定和总额控制。建筑安装工程进度款的支付，一般实行月中按当月施工计划工作量的 50% 支付，月末按当月实际完成工作量扣除上半月支付数进行结算，工程竣工后办理竣工结算的办法。在工程竣工前，施工单位收取的备料款和工程进度款的总额，一般不得超过合同金额（包括工程合同签订后经发包人签证认可的增减工程价值）的 95%，其余 5% 尾款，在工程竣工结算时除保修金外一并清算。承包人向发包人出具履约保函或其他保证的，可以不留尾款。

2）操作程序。承包人月中按月度施工计划工作量的 50% 收取工程款时，应填写特制的"工程付款结算账单"送发包人或工程师确认后办理收款手续，每月终了时，承包人应根据当月实际完成的工作量以及单价、费用标准计算已完工程价值，编制特制的"工程价款结算账单"和"已完工程量月报表"送发包人或工程师审查确认后办理结算。一般情况下，审查确认应在14天内完成。

3）付款方式。承包人收取工程进度款，可以按规定采用汇兑、委托收款、支票、本票等各种手段，但应按开户银行的有关规定办理；工程进度款也可以使用期票结算，发包人在开户银行存款总额内开出一定期限的商业汇票交承包人，承包人待汇票到期后持票到开户银行办理收款；还可以因地域情况采用同城结算和异地结算的方式。总之，工程进度款的付款方式可从实际情况出发，由发包人和承包人商定和选择。

4）关于总包和分包付款。通常情况下，发包人只办理总包的付款事项。分包人的工程款由分包人根据总分包合同规定向总包提出分包付款数额，由总包人审查后列入工程价款结算账单，统一向发包人办理收款手续，然后结转给分包人。由发包人直接指定的分包人，可以由发包人指定总包人代理其付款，也可以由发包人单独办理付款，但须在合同中约定清楚，事先征得总包人的同意。

3. 工程变更

工程变更是工程局部做出修改而引起工程项目、工程量增（减）等的变化，包括设计变更、进度计划变更、施工条件变更等。

（1）工程变更分类。通常将工程变更分为设计变更和其他变更两大类。

1）设计变更。在施工过程中如果发生设计变更，将对施工进度产生很大的影响。因此，应尽量减少设计变更，如果必须对设计进行变更，必须严格按照国家的规定和合同约定的程序进行。

由于发包人对原设计进行变更，以及经工程师同意的，承包人要求进行的设计变更，导致合同价款的增减及造成的承包人损失，由发包人承担，延误的工期相应顺延。

2）其他变更。合同履行中发包人要求变更工程质量标准及发生其他实质性变更，由双方协商解决。

（2）工程变更的处理要求：

1）如果出现了必须变更的情况，应当尽快变更。如果变更不可避免，不论是停止施工待变更指令，还是继续施工，无疑都会增加损失。

2）工程变更后，应尽快落实变更。工作变更指令发出后，应当迅速落实指令，全面修改相关的各种文件。承包人也应当抓紧落实，如果承包人不能全面落实变更指令，则扩大的损失应当由承包人承担。

3）对工程变更的影响应当作进一步分析。工程变更的影响往往是多方面的，影响持续的时间也往往较长，对此应当有充分的分析。

（3）工程变更的内容包括以下几方面：

1）建筑物功能未满足使用上的要求引起工程变更。

例如，某工厂的生产车间为多层框架结构，因工艺调整，需增加一台进口设备，在对原设计荷载进行验算后，发现现有的设计荷载不能满足要求，需要加固，因此对设备所处部位如基础、柱、梁、板提供了新的变更施工图。

2）设计规范修改引起的工程变更。一般来讲，设计规范相对成熟，但在某些特殊情况下，需作某种调整或禁止使用。例如：碎石桩基础作为地基处理的一种措施，在大多数地区是行之有效的，并得到了大量推广应用。但由于个别地区地质不符合设计或采用碎石桩的要求，同时地下水的过量开采，地下暗浜、流沙等发生的情况频繁，不易控制房屋的沉降，因而受到禁止，原设计图不得不进行更改。

3）采用复用图或标准图的工程变更。某些设计人和发包人（如房地产开发商）为节省时间，复用其他工程的图纸或采用标准图集施工。这些复用图或标准图在过去使用时，已作过某些设计变更，或虽未作变更，也仅适用原来所建设实施的项目，并不完全适用现时的项目。由于不加分析全部套用，在施工时不得不进行设计修改，从而引起变更。

4）技术交底会上的工程变更。在发包人组织的技术交底会上，经承包人或发包人技术人员审查研究的施工图，发现的诸如轴线、标高、位置和尺寸、节点处理、建筑图与结构图互相矛盾等，提出的意见而产生的设计变更。

5）承包人在施工中遇到需要处理的问题引起的工程变更。承包人在施工过程中，遇到一些原设计未考虑到的具体情况，需进行处理，因而发生的工程变更。例如挖沟槽时遇到古河道、古墓或文物，经设计人、发包人和承包人研究，认为必须采用换土、局部增加垫层厚度或增设基础梁等办法进行处理造成的设计变更。

6）发包人提出的工程变更。工程开工后，发包人由于某种需要，提出要求改变某种施工方法，如要求设计人按逆作施工法进行设计调整，或增加、减少工程项目，或缩短施工工期等。

7）承包人提出的工程变更。这是指施工中由于进度或施工方面的原因，例如某种建筑材料一时供应不上，或无法采购，或施工条件不便，承包人认为需要改用其他材料代替；或者需要改变某些工程项目的具体设计等，因而引起的设计变更。

4. 索赔管理

工程索赔是在工程承包合同履行中，当事人一方由于另一方未履行合同所规定的义务或者出现了应当由对方承担的风险而遭受损失时，向另一方提出赔偿要求的行为。在实际工作中，"索赔"是双向的，这在我国《建设工程施工合同示范文本》中有明确的说明，既包括承包人向发包人的索赔，也包括发包人向承包人的索赔。但在工程实践中，发包人索赔数量较小，而且处理方便，可以通过冲账、扣拨工程款、扣保证金等实现对承包人的索赔；而承包人对发包人的索赔则比较困难一些。通常情况下，索赔是指承包人（施工单位）在合同实施过程中，对非自身原因造成的工程延期、费用增加而要求发包人给予补偿损失的一种权利要求。

（1）索赔有较广泛的含义，可以概括为如下几个方面：

1）一方违约使另一方蒙受损失，受损方向对方提出赔偿损失的要求；

2）发生应由业主承担责任的特殊风险或遇到不利自然条件等情况，使承包商蒙受较大损失而向业主提出补偿损失要求；

3）承包商本人应当获得的正当利益，由于没能及时得到监理工程师的确认和业主应给予的支付，而以正式函件向业主索赔。

（2）工程索赔程序见图5-9所示。当合同当事人一方向另一方提出索赔时，要有正当的索赔理由，且有索赔事件发生时的有效证据。发包人未能按合同约定履行自己的各项义务或发生错误以及第三方原因，给承包人造成延期支付合同价款、延误工期或其他经济损失，包括不可抗力延误的工期。

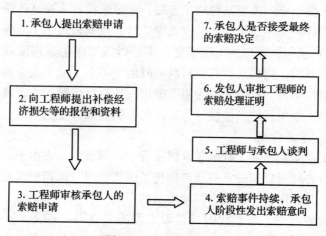

图5-9 工程索赔程序

1）承包人提出索赔申请。索赔事件发生28天内，向工程师发出索赔意向通知。合同实施过程中，凡不属于承包人责任导致项目拖期和成本增加事件发生后的28天内,必须以正式函件通知工程师,声明对此事项要求索赔,同时仍须遵照工程师的指令继续施工。逾期申报时,工程师有权拒绝承包人的索赔要求。

2) 发出索赔意向通知后28天内,向工程师提出补偿经济损失和(或)延长工期的索赔报告及有关资料;正式提出索赔申请后,承包人应抓紧准备索赔的证据资料,包括事件的原因、对其权益影响的证据资料、索赔的依据,以及其他计算出的该事件影响所要求的索赔额和申请展延工期天数,并在索赔申请发出的28天内报出。

3) 工程师审核承包人的索赔申请。工程师在收到承包人送交的索赔报告和有关资料后,于28天内给予答复,或要求承包人进一步补充索赔理由和证据。接到承包人的索赔信件后,工程师应该立即研究承包人的索赔资料,在不确认责任属谁的情况下,依据自己的同期记录资料客观地分析事故发生的原因,依据有关合同条款,研究承包人提出的索赔证据。必要时还可以要求承包人进一步提交补充资料,包括索赔的更详细说明材料或索赔计算的依据。工程师在28天内未予答复或未对承包人作进一步要求,视为该项索赔已经认可。

4) 当该索赔事件持续进行时,承包人应当阶段性向工程师发出索赔意向,在索赔事件终了后28天内,向工程师提供索赔的有关资料和最终索赔报告。

5) 工程师与承包人谈判。双方各自依据对这一事件的处理方案进行友好协商,若能通过谈判达成一致意见,则该事件较容易解决。如果双方对该事件的责任、索赔款额或工期展延天数分歧较大,通过谈判达不成共识的话,按照条款规定工程师有权确定一个他认为合理的单价或价格作为最终的处理意见报送业主并相应通知承包人。

6) 发包人审批工程师的索赔处理证明。发包人首先根据事件发生的原因、责任范围、合同条款审核承包人的索赔申请和工程师的处理报告,再根据项目的目的、投资控制、竣工验收要求,以及针对承包人在实施合同过程中的缺陷或不符合合同要求的地方提出反索赔方面的考虑,决定是否批准工程师的索赔报告。

7)承包人是否接受最终的索赔决定。承包人同意了最终的索赔决定,这一索赔事件即告结束。若承包人不接受工程师的单方面决定或业主删减的索赔或工期展延天数,就会导致合同纠纷。通过谈判和协调双方达成互让的解决方案是处理纠纷的理想方式。如果双方不能达成谅解就只能诉诸仲裁或者诉讼法律。

承包人未能按合同约定履行自己的各项义务和发生错误给发包人造成损失的,发包人也可按上述时限向承包人提出索赔。

(3)索赔的依据。索赔的依据有以下几个方面:

1)招标文件、施工合同文本及附件,其他各种签约(如备忘录、修正案等),经认可的工程实施计划、各种工程图纸、技术规范等。这些索赔的依据可在索赔报告中直接引用。

2)双方的往来信件及各种会谈纪要。在合同履行过程中,业主、监理工程师和承包人定期或不定期的会谈所做出的决议或决定,是合同的补充,应作为合同的组成部分,但会谈纪要只有经过各方签署后才可作为索赔的依据。

3)进度计划、具体的进度及项目现场的有关文件。进度计划和具体的进度安排是现场有关文件变更索赔的重要证据。

4)气象资料、工程检查验收报告和各种技术鉴定报告,工程中送停电、送停水、道路开通和封闭的记录和证明。

5)国家有关法律、法令、政策文件,官方的物价指数、工资指数,各种会计核算资料,材料的采购、订货、运输、进场、使用方面的凭据。

(4)索赔的计算。索赔的费用内容一般包括人工费、设备费、材料费、保函手续费、贷款利息、保险费、利润、管理费等。

在不同的索赔事件中可以索赔的费用是不同的。如在FIDIC合同条件中,不同的索赔事件导致的索赔内容不同。索赔的计算方法有实际费用法和修正总费用法等。

1）实际费用法。该方法是按照每件索赔事件所引起损失的费用项目分别分析计算索赔值，然后将各费用项目的索赔值汇总，即可得到总索赔费用值。这种方法以承包商为某项索赔工作所支付的实际开支为依据，但仅限于由于索赔事项引起的、超过原计划的费用，故也称额外成本法。在这种计算方法中，需要注意的是不要遗漏费用项目。

2）修正总费用法。这种方法是对总费用法的改进，即在总费用计算的原则上，去掉一些不确定的可能因素，对总费用法进行相应的修改和调整，使其更加合理。

第六章 农村基础设施建设的后期管理

第一节 竣工验收概述

建设工程的竣工验收,是指建设工程已按照设计要求完成全部工作任务,准备交付给发包人投入使用时,由发包人或者有关主管部门依照国家关于建设工程竣工验收制度的规定,对该项工程是否合乎设计要求和工程质量标准所进行的检查、考核工作。建设工程的竣工验收是工程建设全过程的最后一道程序,是全面考核建设工作,检查是否符合设计要求和工程质量的重要环节,对促进建设项目(工程)及时投产,发挥投资效果,总结建设经验有重要作用。

竣工验收范围包括新建、扩建、改建的基础设施建设项目(工程)和技术改造项目。这些项目要按批准的设计文件所规定的内容建成,符合验收标准的,及时组织验收,办理固定资产移交手续。

竣工验收依据包括批准的设计任务书、初步设计或扩大初步设计、施工图和设备技术说明书以及现行施工技术验收规范以及主管部门(公司)有关审批、修改、调整文件等。另外从国外引进新技术或成套设备的项目以及中外合资建设项目,还应按照签订的合同和国外提供的设计文件等资料进行验收。

竣工验收的要求包括以下几点:

(1)生产性项目和辅助性公用设施,已按设计要求建完,能满足生产使用。

(2)主要工艺设备配套设施经联动负荷试车合格,形成生产能力,能够生产出设计文件所规定的产品。

(3)必要的生活设施,已按设计要求建成。

（4）生产准备工作能适应投产的需要。

（5）环境保护设施、劳动安全卫生设施、消防设施已按设计要求与主体工程同时建成使用。

竣工验收是施工阶段的最后环节，也是保证合同任务完成、提高质量水平的最后一个关口。通过竣工验收，全面综合考虑工程质量，保证竣工项目符合设计、标准、规范等规定的质量标准要求。《建筑法》第61条规定，"交付竣工验收的建筑工程，必须符合建筑工程质量标准，有完整的工程技术资料和经签署的工程保修书，并具备国家规定的其他竣工条件。"

第二节　竣工验收程序和方法

农村基础设施建设项目竣工验收的程序和方法应该按照以下步骤进行：

（1）施工单位在完工自验，并由监理单位组织初验后，由施工单位向建设单位提交工程竣工报告。

（2）建设单位认为条件成熟时应当组织勘察、设计、施工、工程监理等有关单位进行竣工验收。

（3）工程竣工验收时，建设质量监督部门应到场进行监督。发现有违反工程质量管理规定的行为或工程质量不合格的，应当责令建设单位进行整改；必要时责令建设单位重新组织验收。

（4）建设单位和工程质量监督部门分别向建设行政管理部门提交《竣工验收报告》和《工程质量监督报告》。然后在规定的期限内向建设行政管理部门提交其他文件进行备案。

（5）工程质量监督部门和建设行政管理部门认为建设单位组织的竣工验收各方面都符合法律法规的规定，最后出具《房屋建筑工程、市政基础设施工程备案告知书》，建设单位取得《竣工验收备案表》才可向业主交房。

第三节 工程价款结算和项目后评价

一、工程价款结算概念和内容

1. 概念

工程结算是指项目竣工后,承包方按照合同约定的条款和结算方式,向业主结清双方往来款项。工程结算在项目施工中通常需要发生多次,一直到整个项目全部竣工验收,还需要进行最终建筑产品的工程竣工结算,从而完成最终建筑产品的工程造价的确定和控制。工程结算分为工程预付款结算、工程进度款结算、工程竣工价款结算。

2. 内容

按照现行的《建设工程价款结算暂行办法》(财建〔2004〕369号)的规定,基础设施建设工程的发包人、承包人应当在合同条款中对涉及工程价款结算的下列事项进行约定:

(1) 预付工程款的数额、支付时限及抵扣方式。

(2) 工程进度款的支付方式、数额及时限。

(3) 工程施工中发生变更时,工程价款的调整方法、索赔方式、时限要求及金额支付方式。

(4) 发生工程价款纠纷的解决方法。

(5) 约定承担风险的范围及幅度以及超出约定范围和幅度的调整方法。

(6) 工程竣工价款的结算与支付方式、数额及时限。

(7) 工程质量保证(保修)金的数额、预扣方式及时限。

(8) 安全措施和意外伤害保险费用。

(9) 工期及工期提前或延后奖惩办法。

(10) 与履行合同、支付价款相关的担保事项。

二、工程价款结算方式

工程价款结算方式包括以下三种方式:

1. 工程预付款结算方式

（1）包工包料工程的预付款按合同约定拨付，原则上预付比例不低于合同金额的10%，不高于合同金额的30%，对重大工程项目，按年度工程计划逐年预付。计价执行《建设工程工程量清单计价规范》（GB 50500—2008）的工程，实体性消耗和非实体性消耗部分应在合同中分别约定预付款比例。

（2）在具备施工条件的前提下，发包人应在双方签订合同后的一个月内或不迟于约定的开工日期前的7天内预付工程款，发包人不按约定预付，承包人应在预付时间到期后10天内向发包人发出要求预付的通知，发包人收到通知后仍不按要求预付，承包人可在发出通知14天后停止施工，发包人应从约定应付之日起向承包人支付应付款的利息（利率按同期银行贷款利率计），并承担违约责任。

（3）预付的工程款必须在合同中约定抵扣方式，并在工程进度款中进行抵扣。

（4）凡是没有签订合同或不具备施工条件的工程，发包人不得预付工程款，不得以预付款为名转移资金。

2. 工程进度款结算方式

（1）按月结算与支付。即实行按月支付进度款，竣工后清算的办法。合同工期在两个年度以上的工程，在年终进行工程盘点，办理年度结算。

（2）分段结算与支付。即当年开工、当年不能竣工的工程按照工程形象进度，划分不同阶段支付工程进度款。具体划分在合同中明确。

下面以按月结算为例，讲述工程进度款的支付步骤：

1）工程量的计量与确认。承包人应当按照合同约定的方法和时间，向发包人提交已完工程量的报告。发包人接到报告7天内核实已完成工程量，并在核实前1天通知承包人，承包人应提供条件并派人参加核实；承包人收到通知后不参加核实，以发包人核实的工程量作为工程价款支付的依据；发包人不按约定时间通知承包人,致使承包人未能参加核实,核实结果无效;发包人收到承包人报告后7天内未核实完工程量,从第8天起,承包人报告的工程量即视为被确认,作为工程价款支付的依据,双方合同另有约定的,按合同执行;对承包人超出设计图纸(含设计变更)范围和因承包人原因造成返工的工程量,发包人不予计量。

2) 工程进度款支付。根据确定的工程计量结果,承包人向发包人提出支付工程进度款申请,14天内,发包人应按不低于工程价款的60%,不高于工程价款的90%向承包人支付工程进度款。按约定时间发包人应扣回的预付款,与工程进度款同期结算抵扣;对于发包人确认的合同规定的调整金额和工程变更价款作为追加(减)的合同价款与工程进度款现期支付;对于质量保证金从应付的工程款中预留。

发包人超过约定的支付时间不支付工程进度款,承包人应及时向发包人发出要求付款的通知;发包人收到承包人通知后仍不能按要求付款,可与承包人协商签订延期付款协议,经承包人同意后可延期支付。协议应明确延期支付的时间和从付款申请生效后计算应付款的利息(利率按同期银行贷款利率计);发包人不按合同约定支付工程进度款,双方又未达成延期付款协议,导致施工无法进行,承包人可停止施工,由发包人承担违约责任。

3. 工程竣工价款结算方式

竣工结算是指承包单位按照合同规定的内容全部完成所承包的工程,并经质量验收合格,达到合同要求后,向发包单位进行的最终工程价款结算。竣工结算工程价款 = 合同价款额 + 施工过程中合同价款调整额 - 预付及已经结算工程价款(注意应按合同留下保修金)

三、项目后评价

1. 项目后评价概述

项目后评价是指在项目已经完成并运行一段时间后,对项目的目的、执行过程、效益、作用和影响进行系统的、客观的分析和总结的一种技术经济活动。

项目后评价应当在基础设施项目建设完成并投入使用或运营一定时间后，对照项目可行性研究报告及审批文件的主要内容，与项目建成后所达到的实际效果进行对比分析，找出差距及原因，总结经验教训，提出相应对策建议，以不断提高投资决策水平和投资效益。它包括项目竣工验收、项目效益后评价和项目管理后评价。

项目后评价必须保证公正性，这是一条很重要的原则。公正性表示在评价时，应抱有实事求是的态度。在发现问题、分析原因和作出结论时避免出现避重就轻的情况发生，始终保持客观、负责的态度对待评价工作，做到一碗水端平，客观地做出评价。

项目后评价是对项目实践的全面评价，它是对项目立项决策、设计施工、生产运营等全过程进行的系统评价，这种评价不只涉及项目生命周期的各阶段而且还涉及项目的方方面面，包括经济效益、社会影响、环境影响、项目综合管理等方面，因此是比较系统、比较全面的技术经济活动。

项目后评价的结果需要反馈到决策部门，作为新项目的立项和评估的基础以及调整投资计划和政策的依据，这是项目后评价的最终目标。因此，项目后评价结论的扩散和反馈机制、手段和方法成为项目后评价成败的关键环节之一。国外一些国家建立了"项目管理信息系统"，通过项目周期各阶段的信息交流和反馈，系统地为项目后评价提供资料和向决策机构提供项目后评价的反馈信息。

2. 项目后评价的内容

在早期的项目后评价中，项目的经济效益（偏财务）目标始终占据很重要的地位，是判断一个项目好坏的主要指标。但后来随着项目观念的推广普及及社会环境、人们的观念对项目的影响，纯粹的微观经济效益在项目中的独一无二的地位有所变化，特别当项目不以盈利为主时（福利项目）、社会经济（国民经济）的影响逐渐上升时，项目社会影响后评价成为项目后评价中不可缺少的组成部分。

在现代的项目中，由于项目类别相差不同，作为评价内容的主体也相应不同。当污染、人口等社会问题逐渐成为大家关心的主题时，环境也成为一般项目评价内容之一。此外，由于项目的组织机构及管理机制和管理方式方法是项目成败的很重要的影响因素，使得项目管理自然成为项目评价的组成部分。由此使现代项目后评价的内容涵盖经济、环境、管理等方面。

基于现代项目后评价理论的发展，项目后评价包括项目效益后评价、项目管理后评价两方面内容：

（1）项目效益后评价。项目效益后评价是项目后评价理论的重要组成部分。它以项目投产后实际取得的效益（经济、社会、环境等）及其隐含在其中的技术影响为基础，重新测算项目的各项经济数据，得到相关的投资效果指标，然后将它们与项目前评价时预测的有关经济效果值、社会环境影响值进行对比，评价和分析其偏差情况以及原因，吸取经验教训，从而提高项目的投资管理水平和投资决策服务水平。具体包括：经济效益后评价方法、环境效益和社会效益后评价、项目可持续性后评价及项目综合效益后评价。

（2）项目管理后评价。项目管理后评价是以项目竣工验收和项目效益后评价为基础，在结合其他相关资料的基础上，对项目整个生命周期中各阶段管理工作进行评价。目的是通过对项目各阶段管理工作的实际情况进行分析研究，形成项目管理情况的总体概念。通过分析、比较和评价，能够知道目前项目管理的水平。通过吸取经验和教训，来不断提高项目管理水平，以保证更好地完成以后的项目管理工作，促使项目预期目标很好地完成。项目管理后评价包括：项目的过程后评价、项目综合管理的后评价及项目管理者的后评价。

3. 项目后评价的步骤（图6-1）

图6-1 项目后评价步骤图

图6-1中的最后一步的项目后评价报告是评价结果的汇总，是反馈经验教训的重要文件。后评价报告必须反映真实情况，报告的文字要准确、简练，尽可能不用过分生疏的专业词汇；报告内容的结论、建议要和问题分析相对应，并把评价结果与未来规划以及政策的制订、修改相联系。项目后评价报告内容如图6-2所示。

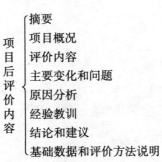

图6-2 项目后评价报告内容

4. 国际通用的后评价方法

（1）统计预测法。统计预测法是以统计学原理和预测学原理为基础，对项目已经发生的事实进行总结和对项目未来发展前景作出预测的项目后评价方法。

（2）对比分析法。对比分析法是把客观事物加以比较，以达到认识事物的本质和规律并做出正确的评价。对比分析法通常是把两个相互联系的指标数据进行比较，从数量上展示和说明研究对象规模的大小，水平的高低，速度的快慢，以及各种关系是否协调。

（3）逻辑框架法。逻辑框架法是将一个复杂项目的多个具有因果关系的动态因素组合起来，用一张简单的框图分析其内涵和关系，以确定项目范围和任务，分清项目目标和达到目标所需手段的逻辑关系，以评价项目活动及其成果的方法。

（4）定量和定性相结合的效益分析法等。

第七章 农村基础设施的运营管理

第一节 存在的问题

农村基础设施项目运营管理是指对已建成的项目运营过程的计划、组织、实施和控制，是与基础设施服务密切相关的各项管理工作的总称。

农村基础设施项目运营管理的主要内容是指项目建成后的管理工作，包括项目的管理责任人、项目运营的效率和项目的维修责任人及维修费用等。

农村基础设施的建设是重要的、基础性的，但搞好其运营管理在一定意义上往往比建设更重要。近年来，一些农村基础设施工程项目，例如"千万农民饮用水工程"、"新农村工程"等，确实改善了农村生产、生活环境，促进了城乡一体化发展，推进了社会主义新农村建设。但项目建成后没有建立和完善运营管理机制，导致农村基础设施建设项目的运营管理存在如下问题：

（1）一些农村基础设施存在"重建设，轻管理"现象。农村基础设施建设项目兴建时，各级各部门往往都比较重视，但建成后就不太注重管护工作。如农村综合开发项目建设，投入大量的人力、财力建成的渠系工程，没过几年时间有些已损坏严重，特别是一些小型农村水利工程，存在着有人使用，无人管理；泵站、灌溉设施丢失被盗现象时有发生。近年新建的一些饮用水水源工程，由于管理制度不落实，存在着平时用水浪费，干旱时饮用水仍然紧缺的现象。

（2）公共基础设施无人管理。一是村组的道路没人修，没人管，靠近大路的住户私自侵占道路，三间的庄基却盖成四间宽，还要在旁边栽一行树，致使道路无法通行，经常造成大小车祸的发生。田间小路没人管，两边逐渐被侵占，小路两边只能一个人通过，农忙时，架子车无法行走。二是宅基地的高低没有统一规定，后盖的一家比早盖的高，参差不齐，很不雅观，同时造成相互攀比，加重自身经济负担，甚至出现邻里纠纷事件。三是人为破坏严重，有的为了拉土垫庄基，把责任田挖的坑坑洼洼；有的为了卖沙，农田被破坏得无法耕种，有的为了浇地，在水渠上乱开口子，上下游的农民发生矛盾，引起械斗。

（3）建设管理效率低。农村基础设施建设管理效率低，成为不争的事实，其日常管理、使用监督等方面已远远不能适应市场经济发展的需要。许多地区农村基础设施建设未能实施基建预算和决算，也不进行基建项目决算审计，基建项目的可行性、科学性、效益性有待商榷；报批手续繁杂。基于计划经济体制下形成的农村基建资金的管理方式，农村基建资金的分配方式不合理、规范不到位，不但导致了国家税金的大量流失，还埋下了弄虚作假、违规违纪的隐患；一些乡镇的主要负责人或是分管负责人对基建财务工作不了解，没有按照项目的类别进行账目登记和管理，无法对项目进行有效的监督和管理。

（4）随着农村和农村基础设施的大量建设，管理维修费用也越来越大。近年来，坚持实施城乡一体化发展战略，统筹城乡经济社会发展，各地都陆续兴建了农村学校、卫生院、村级道路、农村水利设施、生活污水处理工程、村务大楼、村活动中心等农村基础设施，推动了农村经济的发展，提高了农民的生活质量，但同时管理维修费用也越来越大，各级政府和村庄的负担越来越重。

第二节 农村基础设施运营管理模式

一、运营管理模式的类型

农村基础设施运营管理模式主要包含四种模式,如图 7-1 所示。

农村基础设施运营管理 { 四级联动管理模式
股份合作制管理模式
建设项目管理协会模式
公私合作模式

图 7-1 运营管理模式综合图

二、四级联动运营管理模式

四级联动运营管理模式是指在市农办及市相关职能部门的领导下,镇、行政村和农户共同对基础设施进行运营和管理。各级部门要分清具体责任,并且认真承担。四级联动运营管理模式是一种长效机制,也是一种非常有效的管理模式,见图 7-2 所示。

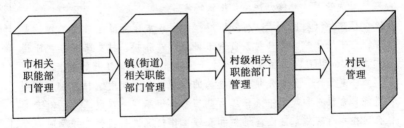

图 7-2 四级联动运营管理模式

下面将以浙江省义乌市农村基础设施管理实施办法为例,介绍四级联动运营管理模式的使用方法。

义乌市农村基础设施管理实施办法（节选）

一、工作职责

第八条 有关部门、镇（街道）、行政村工作职责：

市农办：负责全市农村基础设施管理的检查、指导和服务；负责组织各相关职能部门的牵头、协调工作；以及以奖代补资金的核实报批。

市创建办：负责制定各镇（街道）村庄环境卫生管理的标准，以及对各镇（街道）农村环境卫生日常管理工作的检查、指导和服务。

林业局：负责制定各镇（街道）村庄绿化养护管理的标准，以及对各镇（街道）农村绿化养护管理日常工作的检查、指导和服务。

农业局：负责制定各镇（街道）村庄排污管道、污水处理设施维护管理的标准，以及对各镇（街道）农村排污管道、污水处理设施维护管理日常工作的检查、指导和服务。

供电局：负责制定各镇（街道）村庄公共用电设施管理的标准，以及对各镇（街道）农村公共用电设施管理工作的检查、指导和服务。

镇（街道）：负责本辖区内农村基础设施管理的组织、检查、协调工作；以镇（街道）为单位按行业、分片区对本辖区村庄基础设施实施管理，认真测算村庄基础设施维护的各项费用，制定标底，组织做好招投标工作，确保公正、公平、公开，引进信誉良好的专业管理公司；负责一次性造价3万元以上道路、村内自来水管网破损的中大修工程审核、立项、验收等工作；负责制定本镇（街道）对村、专业管理公司的管理、考核办法，并组织实施。

行政村（村民）：①村级组织：负责日常环境卫生管理工作的监督；负责绿化缺损的补种；负责道路的日常养护、村支路（非主干道或宽度3m以下）工程维修以及主干道路破损中大修工程的申报、组织实施修复工作；负责公共电力设施的维护；负责饮用水村内供水管网设施日常维护和破损中大修工程的申报、组织实施修复工作；对专业公司在本村实施基础设施维护和管理工作情况进行监督，并及时将存在问题反馈到镇（街道）；负责协调专业公司与村民之间的各种关系，配合专业公司做好本村基础设施管理工作；负责教育村民遵守村规民约。②村民：自觉履行门前"三包"责任制（包卫生、包秩序、包绿化），爱护公共基础设施，遵守本村的规章制度。

各职能部门的行业管理标准报市农办备案。

二、实施程序

1. 各镇（街道）每年初根据实际，制定年度实施计划，分类确定计划实施各项目村庄名单，报市各相应职能部门审定，各相应职能部门将审定结果报市农办；道路、饮用水设施维护工程，由各镇（街道）审核立项，报市农办备案；每年初调整一次。

2. 各镇（街道）分类组织招投标、施工管理、质量监督等工作。

3. 各职能部门对农村基础设施运行情况组织检查，并将检查结果反馈到各镇（街道），各镇（街道）汇总后向市农办申请以奖代补资金，市农办审核后，报市财政拨付；道路、饮用水设施维护工程，镇（街道）验收合格后，经市农办核查，报市财政局拨付。

三、股份合作制管理模式

1. 股份合作制概念

股份合作制是采取了股份制某些做法的合作经济，是社会主义市场经济中集体经济的一种新的组织形式。它兼有股份制的某些特点，具有新型集体经济的某些性质，是当前城乡集体经济的一种重要形式，它比较适合于小型企业。

在股份合作制企业中，劳动合作和资本合作有机结合。劳动合作是基础，职工共同劳动，共同占有和使用生产资料，利益共享，风险共担，实行民主管理，企业决策体现多数职工意愿。资本合作则采取股份的形式，是职工共同为劳动合作提供的条件，职工既是劳动者，又是企业出资人，企业实行按劳分配与按股分红相结合的分配方式。

2. 股份合作制的应用

对新建基础设施项目放开建设经营权。按照"谁建设，谁所有，谁受益"的原则，放开小型设施建设经营权，积极推行股份合作制，鼓励个人出资修建小型农田水利设施。管理过程中应承担的责任和义务及其他注意事项参见股份制合作协议书。以下为合伙合同范本。

合 伙 合 同

1. 姓名____性别____年龄____身份证号码_____
   住址_____
2. 姓名____性别____年龄____身份证号码_____
   住址_____
3. 姓名____性别____年龄____身份证号码_____
   住址_____
4. 姓名____性别____年龄____身份证号码_____
   住址_____

第一条　合伙宗旨
_____

第二条　合伙经营项目和范围
_____

第三条　合伙期限
合伙期限为____年，自____年____月____日起，至____年____月____日止。

第四条　出资额、方式、股份、期限
1. （1）合伙人____以_____方式出资，合计人民币____元，享有_____的股份。
   （2）合伙人____以_____方式出资，合计人民币____元，享有_____的股份。
   （3）合伙人____以_____方式出资，合计人民币____元，享有_____的股份。

2. 各合伙人的出资，于____年____月____日以前交齐。逾期不交或未交齐的，取消其合伙资格并且赔偿由此造成的损失。

3. 本合伙资本共计人民币____元，合伙期间各合伙人的出资为共有财产，不得随意请求分割。合伙终止后，各合伙人的出资仍然为个人所有，届时予以返还。

第五条　盈余分配与债务分担
1. 盈余分配，以_____为依据，按照比例分配。

2. 债务承担,合伙债务先由合伙财产偿还,合伙财产不清偿时,以各合伙人的____为据按比例承担。

第六条 入伙、退伙、股份的转让

1. 入伙:① 需承认本合同;② 需经总部负责人同意;③ 执行合同规定的权利义务。

2. 退伙:① 需有正当理由退伙;② 不得在合伙不利时退伙;③ 退伙需提前____告之其他合伙人并且经全体合伙人同意;④ 退伙后以退伙时的财产状况进行结算,不论以何种方式出资均以金钱结算;⑤ 未经合伙人同意而自行退伙给合伙人造成损失的,应进行赔偿。

3. 股份的转让:允许合伙人转让自己的股份。转让给其他合伙人时转让者有自主权,他人无权干涉。如转让给合伙人以外的第三人,第三人应按入伙对待。否则以退伙对待转让人。

第七条 合伙负责人及其他合伙人的权利

1. ____为合伙负责人。其权限是:① 对外开展业务,订立合同;② 对合伙事业进行日常管理;③ 出售合伙产品(货物),购进常用货物;④ 支付合伙债务;⑤ ____。

2. 其他合伙人的权利:① 参与合伙事业的管理;② 听从合伙负责人开展业务情况的报告;③ 检查合伙账册及经营状况;④ 共同决定合伙重大事项。⑤ 在不违反法律和总部的条例的前提下各合伙成员有权自主处理事务。

第八条 禁止行为

1. 未经全体合伙人同意,禁止任何合伙人私自以合伙名义进行业务活动,如其业务获得收益归合伙人共同所有,造成损失由该合伙人按实际损失赔偿。

2. 禁止合伙人经营与合伙竞争的业务。

3. 禁止合伙人再加入其他合伙。

4. 禁止合伙人与本合同签订合同。

5. 如合伙人违反上述各条,应按各合伙实际损失赔偿。劝阻不听可由全体合伙人决定除名。

第九条 合伙延续的事项

合伙因以下事由之一得延续：

(1) 合伙事业有盈余；

(2) 合伙事业有转机；

(3) 主要合伙人要求延续；

(4) 合伙事业有很大的前景。

第十条 合伙的终止及终止后的事项

1. 合伙因以下事由之一得终止：

(1) 合伙届满；

(2) 全体合伙人同意终止合伙关系；

(3) 合伙事业完成或不完成；

(4) 合伙事业违反法律被撤销；

(5) 法院根据有关当事人请求解散。

2. 合伙终止后的事项：

(1) 即推举清算人，并邀请_____中间人（或公证员）参与清算。

(2) 清算如有盈余，则按收取债权、清偿债务、返还出资、按比例分配剩余财产顺序进行。固定资产和不可分物，可做价卖给合伙人或第三人，在价格相等的情况下，合伙人有优先购买权，其价款参与分配。

(3) 清算后如果亏损，不论合伙人出资多少，先以合伙共同财产偿还，合伙财产不足清偿的部分，由合伙人按出资比例承担。

第十一条 纠纷解决

(4) 合伙人之间发生纠纷，应共同协商，本着有利于合伙事业发展的原则予以解决。如协商不成，可以诉诸法院。

第十二条 本合同自订立报工商行政管理机关批准之日生效并开始营业。

第十三条 本合同如有未尽事宜，应该由合伙人集体讨论补充或修改。修改的内容与本合同具有同等效力。

第十四条 其他：

第十五条 在履行本合同过程中发生争执，由负责人在中间协商解决，协商不成的按照本合同约定的下列方法之一进行解决：

1. 一方经退伙程序退伙；

2. 由____仲裁委员会仲裁；

3. 向____中级人民法院起诉。

第十六条 本合同一式____份，合伙人各执一份，送_____各存一份

签约日期：_____年___月___日

签约地点：_____

四、建立农村基础设施管理协会

为改变当前小型农田水利、村级道路、农村饮用水、垃圾处理、污水处理等农村基础设施建设项目中存在的工程运行管理机制不够健全、管护资金不到位、管理人员不落实、费用收取难等问题，应积极发挥农民群众在农村基础设施工程中的主体作用，鼓励扶持辖区或灌区内建立和健全水利会、水利管理协会、用水协会、环境协会、股份合作社等农村专业合作组织的发展，由协会负责工程维护管理、费用收取，以及工程更新改造等工作。

譬如，根据当前村庄垃圾处理和生活环境整治等工作内容和要求，组建环境协会，负责区域内垃圾费用收取、生活污水处理、生活垃圾清运、村庄道路清扫保洁、村庄池塘阴沟清淤等环境管护工作。再如，由水利会或水利管理协会负责灌区内各水利设施的日常维护管理，收取用水费用，具体落实灌区内防汛抗旱工作，负责灌区内的小型水利工程建设管理，协调处理灌区内水事纠纷，维护和管理好山塘水库和饮水水源工程，有效地解决一家一户干不了、干不好的事情。乡镇政府和有关部门要采取既扶持引导又加强管理的办法，促进各类协会健康发展和规范运作，目的是让农民当家作主，自己管理自己，使协会逐步成为农村基础设施工程的管理主体，真正成为新农村建设的支撑保证。

五、公私合作运营管理模式

1. 公私合作

20世纪70年代开始，随着西方政府公共债务的快速增加，政府开始鼓励私有资本进入以往由政府提供服务的公共基础设施领域中。20世纪90年代，英国率先提出公私伙伴关系的概念，公私合作的机制被广泛采用和推广，并日益成为西方各国政府提升公共服务水平的核心理念和措施。公私合作的应用介于公有与私有资本之间，它的资产和服务是既非国有化也非私有化的。

公私合作运营管理模式是政府与民营部门之间在提供公共基础设施、社区便利，及其他公共服务时的一种合约安排。这种合作关系是以政府与私有部门在投入、风险、责任与收益等方面的分担为特征的。公私合作代表了在合约约束下，政府与民营资本协商合作的一种模式，这一模式能够达到他们单独行动所不能达到的目标。公私合营运营管理模式对中国农村基础设施运营管理具有广泛的借鉴意义。它是公共基础项目的新选择，更适用于农村基础设施项目。

2. 公私合作运营管理模式的优点

民营资本是公私合营的核心。民营资本能够更好地评估项目风险，在一个公私合营框架下，通过进行风险转移，可以极大地提高资金使用价值，并激励民营资本提供长期的公共服务。农村基础设施运营管理的公私伙伴关系可以满足以下需求：

（1）能够有效实现资金的市场化运营。

长久以来我国农村基础设施由政府部门投资兴建，并由政府部门拥有和管理。其依据在于：基础设施十分重要，它使农民普遍受益，建设所需资金庞大，因此，私人资本不能、也无力承担如此重大的责任。然而，随着农村经济的发展，对基础设施的需求日益增加，政府部门已经难以承受，公共财政不堪重负。公私合营可以通过私人伙伴的竞争来增加垄断领域的竞争，可以通过招标选择性价比最高的服务，可以将部分风险转移给能更好地控制风险的民营资本,可以利用民营资本的专业知识和创新能力提供更高质量的服务,使服务的价格反映真实成本。

(2)能够提升服务水平。

以利润为导向的民营企业有动力去寻求并开展新的项目——包括那些新建的、付费的基础设施,也包括那些需要改造、更新和扩建的基础设施,并以合理的价格提供服务,满足公众的需求。并且公私合营能够在农村基础设施的组织和运行上进行创新,并引入新的技术和规模经济,降低成本,提升服务水平。民营资本有内在动力改善服务质量,提高服务水平。

(3)降低成本。

政府部门的公共服务存在着固有的效率损失,由于长期处于产业垄断地位,缺乏竞争意识,管理成本过高,用人缺乏灵活性,生产能力不能得到充分利用。而且,政府部门提供的公共服务,其定价水平需经过严格的审查程序,价格需要体现公共利益目标。因此,长期以来,公用事业部门运行在低价格水平条件下,处于亏损状态。由公用事业部门亏损造成的财政负担不断加重,增加了政府压力。公私合作运营管理模式的安排使责任划分简单、清晰,避免产生不必要的争议。对于民营资本来说,降低成本以追求利润最大化也是市场经济主体的必然选择。公私合作运营管理模式可以激励民营主体在方案制订、技术创新、规模经济、采购的灵活性等方面的优势,降低费用,提高效率。

第八章 农村基础设施投资的财务管理与监督

第一节 农村基础设施投资的财务监督

一、农村基础设施投资财务监督的概念及意义

1. 概念

农村基础设施投资的财务监督,是指通过分析财务收支活动的价值形式,根据投资建设项目的会计资料以及各项财务制度的执行情况,来评价农村基础设施投资项目各项财务资金的管理和使用活动是否合理合法、财务数字是否真实可靠、财务制度是否认真贯彻,借以监督是否执行党和国家的方针政策、法令,保护项目不同投资者的财产、改进财务管理,提高财务活动经济效果等一系列工作的总称。

农村基础设施建设项目投资的财务监督,它贯穿于整个建设项目财务收支活动过程的始终,包括项目计划的监督、项目执行的监督和项目执行结果的监督。财务监督必须通过计划、核算、分析和检查等方法来实现,其目的在于促进农村基础设施建设项目投资的财务管理水平。

2. 意义

在农村基础设施建设项目中加强财务监督有以下意义:

(1)加强财务监督,有利于科学、合理地控制农村建设项目中的财务收支。在农村基础设施建设投资中,通过合理地控制财务收支,可以及时发现和制止不合理的支出和不合法的收入,促使各项收支和生产经营活动符合党的方针、政策和国家的财经纪律,防止违纪案件的发生。

(2) 加强财务监督，有利于检查、分析各项投资项目中财务指标的完成情况。在农村建设项目建设过程中，通过检查、分析各项财务指标，可以发现财产、物资的占用是否合理，人力、物力的利用是否有效，以便发现问题，堵塞漏洞，并且不断总结经验，调节农村基础建设活动，以确保财务指标的完成和财务工作的正常运转。

(3) 加强财务监督，有利于正确处理各级投资者的经济利益关系，维护农村集体的合法权益，保护集体资产的安全与完整。农村基础设施建设项目投资主体越来越多元化，通过财务监督活动，能够保证建设资金安全合理的使用，避免某些投资者受损，保证建设项目能够符合各级投资者的经济利益，因此也能够维护农村集体的合法权益，使集体财产不受侵犯，保证集体资金的安全性与完整性。

二、农村基础设施投资财务监督的分类

农村基础设施投资财务监督分类见图 8-1 所示。

1. 按财务监督主体划分

财务监督有不同的分类标准，按照不同的监督主体，财务监督可分为内部监督和外部监督。

(1) 农村基础设施建设项目的内部监督，是指农村基础设施建设投资项目内部对财务活动进行自我监督的一种监督形式，如设立独立的内部审计部门，对于自身的经济活动进行有效的监督，或选派专人监督。内部财务监督主要包括横向财务监督、纵向财务监督、内部审计监督和民主财务监督，其中，横向财务监督是在监督治理结构内部相平行的各级机构之间进行的财务监督和约束行为；纵向财务监督是在被监督单位内部上级组织或个人对下级组织或个人的财务监督和约束行为；内部审计监督是指在被监督单位内部设立独立的审计部门，负责对财务活动进行监督；民主财务监督是指在被监督单位内部营造一种氛围，设计一种机制，鼓励单位内部全员监督项目的各种财务活动。如发现财

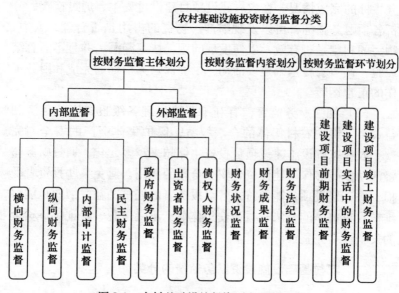

图 8-1 农村基础设施投资财务监督分类

务问题,可直接或间接向相关部门反映。

(2)外部财务监督是建设投资项目的各种财务工作要自觉地接受外部审计单位以及相关部门的指导和监督,以保证建设项目能够符合外部相关者的利益。外部财务监督按照监督主体的不同分为包括政府的财务监督、出资者的财务监督、债权人的财务监督和注册会计师的财务监督等。农村基础设施建设项目投资者主要是国家财政拨款、集体集资和银行政策性贷款等,因此出资者的财务监督包括国家财政监督、集体的民主监督、债权人的监督等形式。

同时按照监督形式又可以分为职能部门的审计监督和群众的民主监督。群众的民主监督主要形式有财务公开和民主理财。农民群众是村级集体资产的所有者,村集体的每项收支都与他们密切相关,实行民主理财和财务公开,一方面可以增强群众的主人翁意识,另一方面又可以加强对集体基础设施建设财务活动的监督与约束，有利于管理好资产，防止资产流失，提高投资的效益；有利于增强农村基础设施建设投资财务决策的科学性、合理性；此外还有利于约束干部的行为，提高农村基础设施建设项目内部的经营管理水平。

2. 按财务监督内容划分

财务监督按照不同的监督内容可分为财务状况监督、财务成果监督和财经法纪监督。

（1）财务状况监督的内容。农村基础设施建设项目的财务状况监督首先是以农村建设项目的财务收支活动为内容的监督，主要检查财务计划是否符合有关政策、法规的规定和提高经济效益的要求；其次是指对正在进行的农村基础投资建设的财务活动实施的监督，检查在投资建设的财务活动过程中资金收支是否合理合法。

（2）财务成果监督的内容。农村基础设施建设财务成果监督是指在农村建设项目财务活动完成后对其结果的监督，即检查财产的安全完整、财务成果的真实与否以及财务计划目标的完成情况。通过监督，检查农村基础设施投资建设项目财务活动是否按计划完成。

（3）财经法纪监督的内容。农村基础设施建设过程中的财经法纪监督是指检查财务活动的开展是否符合有关法规、制度的规定以及财务计划的执行情况，并针对存在的问题予以制止或纠正。而实施财务监督，应以国家有关的法令条例和企业的规章制度、财务计划为依据，通过监督使农村基础设施建设项目遵守国家的各种法规及相应制度。

3. 按财务监督的环节划分

农村基础设施建设项目按照监督环节划分可分为建设项目前期的监督、建设过程中的监督以及项目竣工结算时的监督。

（1）建设项目前期的监督。建设项目前期工作是从建设项目立项论证到开工建设以前进行的各项工作，主要包括项目建议书的提出、可行性研究报告、初步施工设计阶段,以及按照管理权限提请有关部门审批这一时期。在项目前期工作阶段,财务监督重点应在建设项目立项、工程可行性研究阶段。通过财务监督,使农村基础设施建设项目的预算、投资能够合理有效,确保建设项目能够顺利进行,防患于未然,提高基础设施建设项目的经济效益。

(2)建设项目实施中的财务监督。建设项目实施阶段是指从项目经有关部门批准开始建设到项目建成投产移交的阶段。农村基本建设项目实施过程中的监督主要是监督项目是否在批准的概算投资内按质按量地完成,投资效果是否显著,实施过程中的财务工作是否符合相关法律法规等。

(3)建设项目竣工的财务监督。建设项目竣工阶段是指建设任务按照批准的建设内容和设计全部完成后,要求组织项目竣工验收、移交投入生产,为确保建设农村基础设施项目新增资产价值能正确全面地反映投资者权益,对竣工的项目进行财务监督。

三、农村基础设施投资财务监督实施

农村基础设施投资财务监督实施如图8-2所示。

1. 健全财务人员的监督责任与相应的监督制度

基础设施建设单位应按规定设置独立的财务管理机构或指定专人负责财务工作,并保持人员的相对稳定。由财务部门负责编报用款计划和资金的解拨及核算,项目中的财会人员要认真履行监督职责,对监督中发现的违反国家规定使用农村基础设施投资资金的行为,财会人员应及时提出意见,及时向有关领导和部门反映。同时要健全农村基础设施建设期间的财务监督管理制度,实行内部牵制的会计监督。

2. 加强政府的外部财务监督

农村基础设施投资涉及的投资量大,其中包括大量的财政资金及集体资金。并且基础设施投资项目关系到新农村建设的过程

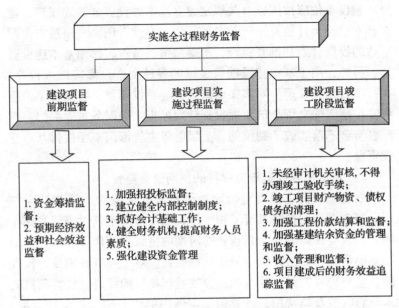

图 8-2 农村基础设施投资财务监督实施

与进度。因此政府应对农村基础设施投资中的审批项目进行监督。另外在基础设施建设项目施工过程中,政府的建设工程质量监督站应负责定期和不定期进行质量检查,处理事故。

3. 实施全过程财务监督

要想有效地控制农村基础设施投资项目的成本,提高投资资金的使用效果和整个项目的投资收益,应从建设项目前期工作、建设实施、建设项目竣工阶段三个环节进行。

(1) 建设项目前期工作的监督包括以下两个方面:

1) 建设项目资金筹措的监督。

建设单位财务部门应加强内部财务管理,对基本建设项目的资金来源、使用方向和资金落实情况等进行全面审查监督。农村基础设施建设项目的建设资金主要由项目资本金、借入资金构成,项目中的资本金包括财政拨款和集体自筹资金等。监督要确认项目资本金能够达到规定的最低限额以上。对于财政拨款部分，建设单位应按国家有关规定建立基本建设资金管理账户，建立基本建设会计核算账册，专账管理，专款专用，严格按农业部下达的投资计划和批复执行，不得截留、挤占、挪用基本建设资金。另外，用于基本建设项目建设的各种资金，都应纳入预算，实行项目预算管理。对多渠道资金配套建设项目，各建设单位应将安排落实配套资金的年度投资计划抄报上级财务主管部门，对配套资金不落实或不到位的，上级财务主管部门不予拨付基本建设资金。

2）农村基础设施投资项目的预期效益监督。

农村基础设施投资对当地经济发展有重要的经济和社会作用，基础设施的投资具有累积效应，当年投入不仅对当年发挥作用，而且会在以后一个相当长的时期内持续发挥作用。因此，对于基础设施的效益评价应考虑长期收益。对于经营性项目，投资前，应对项目的经济效益和社会效益作相应的评价，计算项目的未来总收益及总费用，计算包括财务内部收益率、投资回收期、到期固定资产投资借款偿还率、综合建成周期、交付使用率和资产产出率等主要财务评价指标。另外对基础设施在改善民生、促进新农村建设中起到的社会效益作出预期评价。社会效益很大的基础项目，如无法量化经济效益，则应分析成本，用最小成本法进行项目的选择、评价及监督。

（2）加强农村基础设施投资建设项目实施过程的财务监督包括以下五个方面：

1）加强建设项目招投标的财务监督。

为了保证农村基础设施建设项目能够按期按质完成，提高农村基础设施投资效果，要加强对招投标企业的财务监督。监督的内容是对参与竞标企业的财务状况进行分析评价，以确认竞标企业在项目实施工程中有足够的资金及财务履约能力。

2）建立健全内部控制制度。

内部控制按其控制的目的不同，可分为会计控制和管理控制。会计控制是指与保护财产物资的安全性、会计信息的真实性和完整性以及财务活动合法性有关的控制；管理控制是指与保证经营方针、决策的贯彻执行，促进经营活动经济性、效率性、效果性以及经营目标的实现有关的控制。具体包括以下几个方面：① 组织结构控制，健全农村基础设施建设单位内部机构，通过合理设置和分工，解决各个环节之间相互牵制、互相制约的问题。② 授权批准控制，基础设施建设部门内部要有明确的职务分工，并且有关业务经办人员在经办业务时要事先得到适当的授权以明确职责范围和业务处理权限与责任，并在授权范围内办理有关经济业务，承担相应的经济责任和法律责任。③ 会计记录控制，健全建设单位内部会计记录，规范凭证、簿记制度，定期凭证和账簿核对，项目资金支出前实行科学的预算制度，并且健全会计政策和程序等。④ 资产保护控制，定期对项目各项资产进行财产清查，并进行账实核对，健全各项财产物资管理制度。⑤ 职工素质控制，加强农村基础设施建设单位员工的素质教育，提高员工素质。

3）抓好会计基础工作、健全各项财务规章制度。

农村基础设施建设单位内部要依据《会计基础工作规范》和《农业部基本建设财务管理办法》的规定，结合本单位的实际情况，健全各项财务规章制度，从制度上进一步堵塞漏洞，保证建设项目资金监管有章可循，有法可依。财政部门必须本着科学、规范、严格的原则，制定标准，对基建财务管理工作的各个方面进行规范，明确规定基本建设财务管理的内容、管理的深度、管理的办法、所要达到的要求，以提高农村基础设施投资建设项目会计核算质量和财务管理工作水平。

4）健全建设单位财务机构，提高财务人员素质。

加强农村基础设施建设项目内部的财务监督工作，要健全建设单位内部的财务机构，保证基础设施建设财务管理工作的顺利进行。配备专职基建财会人员，定期进行会计业务培训和工程建设、工程预决算的有关知识培训，以保证建设单位的财务工作顺利进行。

5）强化基础设施建设资金监管。

基础设施建设单位应建立有效的资金运行机制，加强建设资金的监管和控制。一是成立专门的资金监管机构，建设资金监管责任到人，实行建设全过程资金管理和监控，并及时向村民公开资金使用情况，接受广大干部群众的监督，明确职责；二是设立专户，建设资金专款专用，每季度定期向村镇新农村建设资金监督管理领导小组上报基础设施投资建设资金的使用情况，自觉接受领导小组监督。三是严格建立会计监督制度，内部各职能部门按职责分工落实职责，共同监督管理。同时要设立严格的大额资金使用审批制度，严把资金出口关。另外，要加强设备和物资采购的监控，对施工现场急需购买的材料，必须提前报请相关部门审批，由相关职能部门人员参与，进行公开招投标，对物资采购、质量控制、现场验收等环节实施全方位的监督，提高运作的透明度。

（3）农村基建项目竣工决算阶段的财务监管包括以下六个方面。

1）基础设施建设项目竣工决算未经审计机关审计的，或社会中介机构出具的审计报告未经审计机关审核的，有关部门不得办理工程价款最终结算和竣工验收手续。

2）基础设施建设项目竣工后的财产物资、债权债务的清理。基础设施建设项目完成后，应对完工剩余的各种物资、材料、设备，以及农村基础设施建设过程中形成的债权债务进行及时清理。清理时，应至少两人以上在场，做到相互牵制以保障财产物资的安全。另外，资产要妥善保管，登记入册，按照国家有关规定进行处理。

3）基础设施投资项目工程价款的结算和监督。基础设施建设单位工程价款的拨付必须按照相关合同规定条款进行，结算时应由相关部门对工程款结算的手续和结算凭证的合法性、真实性进行审核，并且要求出具审计机关的审计报告。

4）农村基础设施建设项目结余资金的管理和监督。基础设施建设结余资金，应按投资来源比例分别用于归还贷款和进行分配，不得私自截留和挪用，留成收入要明确使用范围。上级相关部门要定期或不定期地对结余资金进行检查，以确保结余资金依法使用。

5）基建收入管理和监督。基本建设收入是指在基本建设过程中形成的各项工程建设副产品变价净收入、试生产收入及其他收入。对基建收入的管理，不得虚列基建收入或擅自扩大留成比例，根据国家现行的有关规定，严格监督基建收入的分配使用。

6）项目建成后的财务效益追踪监督。对建成项目投产营运后的财务效益也应进行追踪调查。

四、农村基础设施投资财务监管实施办法

下面是河南省济源市大峪镇农村财务监督管理办法的具体实施范例，各地农村可以借鉴使用。

大峪镇农村财务监督管理办法

为适应农村经济发展的新形势，加强农村财务管理与监督，保障农村集体资产不受损失，维护农民的合法权益，确保农村社会稳定，促进农村基层党风廉政建设，推动农村经济持续健康协调发展，根据《中共中央办公厅、国务院办公厅关于健全和完善村务公开和民主管理制度的意见》、农业部民政部财政部审计署《关于推动农村集体财务清理和监督经常化规范化制度化的意见》、《济源市农村财务管理与监督办法》、《市委办公室、市政府办公室关于进一步加强农村财务管理监督的意见》等文件精神，结合我镇实际，特制定本办法。

一、农村财务监督管理机构与人员

镇政府推行农村财务监督管理制度，成立"大峪镇农村财务委托代理服务中心"作为代理服务、管理农村财务的机构。各村配备一名报账员，报账员在村委中产生，由村两委提名，经村民代表会议同意。采用"双重管理、相互制约"的管理模式，推进我镇农村财务工作步入规范化、制度化、公开化的轨道。

（一）基本原则

1. 坚持村集体资金的所有权、使用权、审批权、监督权不变的原则。村资金属于该村集体所有，其合法权益受法律保护，任何单位和个人不得侵占、平调、挪用。

2. 坚持独立核算的原则。村原财务独立核算的主体不变，实行以村建账，单独核算，保持原村账户、债权债务关系不变，保持原村财务的独立和完整。

3. 坚持民主管理和民主监督的原则。加强集体资产管理，坚决制止新增不良债务，发挥民主管理和民主监督的作用。

4. 坚持账、表、据统一管理的原则。村财务管理所需账簿、记账凭证、凭证封面、报表，一村一柜，由镇农村财务委托代理服务中心统一保管。

（二）工作职责

1. 大峪镇农村财务委托代理服务中心工作职责

（1）代管各村会计账目，各类凭证，涉及财务内容的合同，代管各村民委员会财务公章。

（2）对各村的财务收支进行审核，及时填写记账凭证，登记会计账簿，编写会计报表，做到账目日清月结。

（3）监督各村重大经济活动情况，发现有违犯财务制度行为的，有权冻结该村财务业务，对违反财经纪律严重的应移交有关部门，追究责任。

（4）监督各村财务收支公开情况。

2. 村民委员会报账员职责

（1）负责村各类明细账目登记、管理村内各类资产，负责各种经济来往传递。

（2）及时上交各种收入，严把支出关，对不符合财务规定，审批手续不齐全的，不予报销支出。

（3）组织开展民主理财活动，及时报送收支凭证。

（4）按照要求保管使用村委的备用金、有价证券、农经单据、现金支票。

（5）定期与镇农村财务委托代理服务中心进行会计账目核对，保证会计业务及时准确。

（6）协助镇农村财务委托代理服务中心做好本村财务公开工作。
（7）负责居民组财务监督管理工作。
（三）程序
1. 村委会发生的经济业务必须取得有效的原始凭证，由经办人签字注明用途，民主理财组同意盖章，支书、村委主任（或副主任）签批后，报账员方可办理报账手续。
2. 村委储备一定的备用金（1000口人以上不超过2000元，1000口人以下不超过1000元），报销单据顶备用金，备用金用完再补备用金。
3. 村委会需重大支出的，凭村民代表会议记录，填写借款凭证，支书、村委主任签批后到镇农村财务委托代理服务中心办理借款手续。
4. 每月26~27日为各村民主理财日，报账员将所有的收支凭证交理财组，村负责人进行审理、签批。签批后及时报送镇农村财务委托代理服务中心。

二、农村财务管理制度
1. 收入管理制度：
各村民委员会收入统一使用市农经部门印制的农经单据，收据由村报账员保管，不得外借，收入要及时存入银行账户。每月末，按实际收入的入账情况与其收入进行核对，严禁坐收坐支。
2. 开支审批制度：
（1）非生产性开支：500元以下由村支书、村委主任（或副主任）双审批；500元至1000元由村两委集体研究决定后，支书、村委主任（或副主任）双审批。
（2）生产性开支：1000元以下由村支书、村委主任双审批；1000元至3000元（专项资金1000元至10000元）由村两委集体研究决定后，支书、村委主任（或副主任）双审批。
凡超过上述权限的支出，必须经村民代表会议讨论决定后，由村支书、村委主任（或副主任）双审批。报账时提供由村民代表签名的会议记录作为入账依据。各村的经济合同要上交一份至镇农村财务委托代理服务中心，作为经济往来的依据。
3. 支出票据管理制度：

农村财务的所有开支，必须向对方索要相应合法的原始票据，包括国家承认的票据，行政事业性收费收据等，杜绝白条入账和自制单据入账。非特殊情况跨月凭证不予报销。

4. 村干部话费和摩托车燃油费用补助办法：

1000口人以上村话费总额每月不超过200元，1000口人以下村话费总额每月不超过150元；各村摩托车燃油费补助总额每月不超过150元。

5. 村内重大性建设支出，必须按一事一议由村民代表大会通过，报上级有关部门批准后集资筹款，不得贷款入账，增加农民负担。

6. 坚决杜绝坐收坐支现象，发现违反者按有关财经纪律和党纪处理。

7. 严格控制各类招待费用支出。

8. 各种报刊杂志支出要按规定支出，不得超出范围。1000口人以上村不超过800元，1000口人以下村不超过500元，超出范围不予报销。

9. 不准假借用途套借公款，一经发现追回现金，严肃处理。

10. 非财务人员不得参与各项财务往来活动。

三、民主理财制度

1. 村民主理财组由3~5人组成，必须经村民代表会选举产生，设组长一人。理财人员不得与村干部有近亲属关系，两委人员不得参加理财小组。

2. 理财组应在村党支部领导下进行工作，每月理财时间为26~27日。

3. 民主理财组负责审核由报账员提供的各类收支单据，认真进行监督核算，有权否决不合理开支，有权向上级有关部门反映不正常的资金运行情况。理财过程中，如实做好记录，理财人员签字。

4. 民主理财组对所监督事项意见不统一时，应少数服从多数，理财组意见与审批人意见不一致时，由镇农村财务委托代理服务中心裁定。

四、财务公开制度

每季度第一个月前10日应将上季度财务发生状况向村民代表（或居民组代表）进行公布，并在公示栏以文字形式进行公开，每季度公开情况，镇农村财务委托代理服务中心要进行拍照存档。

五、财务档案管理制度

村委会财务档案由镇农村财务委托代理服务中心按档案管理的有关规定和要求，分村委会对各种凭证、账册、报表等资料分类整理，装订成册，统一入档保存，严禁私自销毁财务档案。严格会计档案调阅手续，建立会计档案调阅借出登记制度。凡需调阅复制农村会计档案的需经被调阅单位主要负责人书面批准，由被调阅单位报账员调阅或复制。

本办法从发行之日执行，未涉及条款按上级有关文件执行。

第二节 农村基础设施建设的监督与检查

一、监督检查的意义

农村基础设施财务监督与检查，是指建设项目的财务人员为履行财务监督职责，贯彻执行与基础设施建设相关的财经法规、财务管理与会计核算、预算编审执行、内部控制制度、会计报表及信息质量等事项实施的监督检查活动。

为了保证工程质量，保证资金的安全性，以及维护各级投资者的经济利益，应建立从项目立项到竣工结束的全过程监督，综合运用经济、法律、行政、社会舆论等各种监督手段抓好建设项目的监督和检查。

二、基础设施建设的监督检查体系

基础设施建设监督检查见图 8-3 所示。

1. 政府监督

政府监督体系主要包括以下八个方面的内容。

（1）监督农村基础设施投资项目建设程序。项目建设程序，是对项目建设活动客观规律的一种认识。必须循序渐进，严格遵守相应程序，不能颠倒或遗漏。要搞好农村基础设施建设项目工作，政府建设主管部门一个重要的工作就是对建设项目的决策立

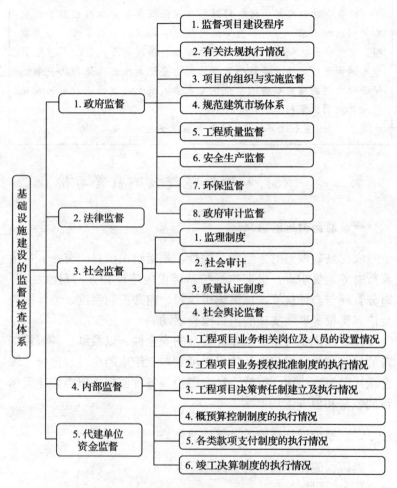

图 8-3 基础设施建设的监督检查体系

项和实施过程各个环节实行监督,检查项目是否按基础设施建设程序组织实施。具体来讲政府监督包括建设前期监督、施工过程中的监督以及竣工投产监督。

(2)监督项目中有关法规的执行情况。具体包括项目资金检查、前期检查和施工检查。

项目资金检查包括检查项目的资金来源是否符合有关规定，资金计划（包括地方配套资金）下达、拨付、是否按计划到位；概算控制措施是否落实，审批和调整是否符合国家有关规定；实行专户储存、专账核算、专款专用情况；资金的使用是否符合概算和有关规定，支付是否按照合同执行；项目单位的财务制度是否健全，财务管理是否规范，项目竣工决算审计等。

前期工作检查包括检查项目立项报批是否符合规定；初步设计是否由具有相应资质的单位编制，内容是否与立项批复衔接，审批是否符合权限、规范；施工图是否按照有关规定及初步设计批复要求编制，是否按有关规定履行项目报建程序。

施工检查包括检查是否按批准的招标方案组织招投标；招投标运作是否规范；合同是否合法、严密、规范；是否履行合同。检查建设单位是否按照批复的建设内容和期限组织施工；施工单位是否具备相应资质，施工技术、设备、方案等是否符合要求。

（3）项目的组织与实施的监督检查。项目的组织与实施主要是监督检查建设的组织工作是否完善合理，开工条件是否具备，工程中是否有相应的监理人员，以及项目竣工是否符合规范。具体包括以下几个方面的内容：

1）项目组织机构检查。检查建设单位是否建立项目建设组织机构、是否有完善的规章制度、是否配备专职人员、是否对项目建设全过程依法实施有效监督、管理。

2）开工条件检查。检查初步设计及概算是否已经批复、建设资金是否落实、施工组织设计是否编制、施工招标和监理招标是否完成、施工图设计是否完成以及建设用地和主要设备材料是否落实。

3）工程监理检查。检查监理单位是否具备相应资质、现场监理人员数量和素质是否符合合同约定、监理手段和措施是否满足工程建设要求。

4）竣工验收检查。检查竣工验收程序是否规范、相关文件材料和档案是否齐全和规范、主要结论和意见是否符合实际情况、竣工验收后是否及时办理固定资产移交手续。

5）项目运行情况检查。检查项目是否能正常运行并达到预期效果。

（4）规范建筑市场体系。应建立市场机制健全、市场主体合格、市场要素完备、市场保障体系健全、市场法规完善、市场秩序良好的成熟建筑市场。规范建筑市场行为，是政府部门转变职能，实现市场宏观调控的重要任务，也有效的促进政府对农村基础设施投资项目的监督。

（5）工程质量监督。建设工程质量监督是指由政府授权的专门机构对建设工程质量实施的监督。其主要依据是国家颁发的有关法律、法规、技术标准及设计文件。建设工程质量监督工作的主管部门是国家的建设部和地方各级人民政府的建设主管部门。

（6）安全生产监督。建筑施工企业安全生产管理应贯彻"安全第一，预防为主，综合治理"的方针，根据施工生产的规模、性质、特点予以实施。

监督检查机构包括各级人民政府建设行政主管部门及其授权的建筑安全生产监督机构。督查采用听取汇报、查阅资料、现场抽查的方式，重点对项目的建设现场安全管理情况；国家和省安全生产法律、法规、规程、标准贯彻执行情况；安全生产规章制度的建立落实情况；安全管理人员和特种作业人员持证情况；安全隐患排查治理工作开展情况；安全设施"三同时"执行情况；重大危险源的监控、管理及档案管理情况以及事故应急救援工作情况等方面进行督查检查。

（7）环保监督。政府对建设项目环境监督的主要职能贯穿于项目建设全过程，各个阶段都有具体的工作内容和重点。一是建设前期，对厂址选择和环境保护提出要求和相应措施方案，审查批准环境影响报告书。二是设计阶段，遵照环保设施必须与主体工程同时设计、同时施工、同时投产的"三同时"要求，检查落实设计文件中具体的环保目标和防治措施。三是施工阶段，审查环保报批手续及环保设施施工进度和资金落实情况，提出对周围环境保护的要求和措施。

（8）政府审计监督。政府审计是保障财政性资源的合理配置，提高国家资金的使用效益的重要手段。加强审计监督，对经济犯罪活动予以揭露和打击，对违规违纪行为予以纠正。农村基础设施投资审计，是国家对农村基础设施建设投资经济活动实行监督的一种重要手段，对保障投资活动的正常秩序及按计划完成，促使投资项目按期、高质量、低成本地完成，具有十分重要的意义。农村基础设施投资建设项目直接有关的建设、设计、施工、采购等单位的财务收支，应当接受审计机关的审计监督。审计机关应当对国家建设项目总预算或者概算的执行情况、年度预算的执行情况和年度决算、项目竣工决算，依法进行审计监督。

审计部门要依据《中华人民共和国审计法》对国家拨款的农村基础设施建设项目加强审计，对重大项目要进行专项审计和跟踪审计，对审计中发现的问题，要依法严肃处理。

2. 法律监督

法律监督又称法制监督，狭义的法律监督是指有关国家机关依照法定职权和程序，对立法、执法和司法活动的合法性进行的监察和督促。广义的法律监督是指由所有的国家机关、社会组织和公民对各种法律活动的合法性所进行的监察和督促。项目管理中涉及许多权益问题，还必须借助于法律监督。我国已经建立了国家基础设施建设招标投标律师法律审查监督服务制度。早在1998年1月，司法部和原国家计委就联合发文，明确规定"为了保证国家投资的效益和安全，项目法人或招标代理机构应当聘请律师就招标文件和有关合同文本出具法律咨询意见书。"

另外在项目建设过程中，也可实行公证制度。顾名思义，就是由"公家"作证明，公证具有法律特征。

3. 社会监督

社会监督主要包括社会中介组织，如咨询、监理公司、会计、审计、律师事务所等的监督，以及社会舆论监督等。

(1) 监理制度。《中华人民共和国建筑法》明文规定"国家推行建筑工程监理制度"，"建筑工程监理应当依照法律、行政法规及有关的技术标准、设计文件和建筑工程承包合同，对承包单位在施工质量、建设工期和建设资金使用等方面，代表建设单位实施监督。"

(2) 社会审计。社会审计是指会计师事务所和审计事务所接受国家机关、企事业单位和个人的委托提供的审计服务。国家应调整建设项目审计范围与分工，调动社会审计组织的积极性。对于竞争性项目，要制定规章制度，使企业认识到投资审计的重要性，鼓励企业自觉委托社会审计机构进行审计。

(3) 质量认证制度。质量认证是合格评定的主要活动之一，有效的合格评定可以为建设项目创造良好的质量环境，提供公平竞争的机会，激发内在动力，从而向社会提供优质的工程。

(4) 社会舆论监督。政府要公布质量举报电话，自觉接受社会监督。所有单位、个人和新闻媒体都有权举报和揭发工程质量问题。充分发挥舆论工具的作用，加强舆论宣传工作，形成社会质量监督网。通过广播、电视、报刊、杂志等舆论工具，大力宣传优质工程和创建优质工程的企业，树立样板工程和优秀企业的光辉形象，提高其知名度，进而提高其市场占有率，保证为社会提供更多的优质工程。对劣质工程及其施工单位充分曝光，让其在社会舆论的强大压力下，努力改进工作，提高质量。

4. 内部监督

工程项目内部控制监督检查的内容主要包括：

(1) 工程项目业务相关岗位及人员的设置情况。重点检查是否存在不相容职务混岗的现象。

（2）工程项目业务授权批准制度的执行情况。重点检查重要业务的授权批准手续是否健全。

（3）工程项目决策责任制的建立及执行情况。重点检查责任制度是否健全，奖惩措施是否落实到位。

（4）概预算控制制度的执行情况。重点检查概预算编制的依据是否真实，是否按规定对概预算进行审核。

（5）各类款项支付制度的执行情况。重点检查工程款、材料设备款及其他费用的支付是否符合相关法规、制度和合同的要求。

（6）竣工决算制度的执行情况。重点检查是否按规定办理竣工决算、实施决算审计。

监督检查过程中发现的工程项目内部控制中的问题和薄弱环节，单位应当采取措施，及时加以纠正和完善。

5．代建单位资金的监督

代建单位应严格按国家规定的基建支出预算、基建财务会计制度、建设资金账户管理制度等进行管理和单独建账核算，定期向财政部门报送相关材料，并按工程进度、年度计划、年度基建支出预算、施工合同、代建单位负责人签署的拨款申请领取资金。财政部门要加强对代建单位资金管理使用的检查监督，通过对资金申请、账户管理、资金使用、财务报表等审查，加强对代建单位资金管理使用的监督。

三、监督检查的实施

1．建立健全监督检查机制

（1）建立投资决策、建设管理、审计监督"三分离"的监督新体制。农村基础设施建设项目管理部门之间要建立相互配合、相互协作、相互制衡的关系，实现投资主体、管理主体与监督主体彻底分离。明确各部门的职责，使相应部门在各自职责范围内，通力合作、相互支持、协助审计机关对农村基础投资建设项目实施审计监督，形成监管合力。

（2）强化民主监督。加大宣传，激发群众的民主参与意识，增强民主监督的积极性和责任感，使农村基础设施建设项目处于广大农村集体群众的监督之下，以收到更好的监督效果。

（3）建立全程监督体系。将建设项目事前、事中和事后监督有机地结合起来，使农村基础设施投资项目财务监督工作做在项目开始之前，贯穿于项目前期、项目实施以及项目竣工全过程。在全过程监督中，把监督的责任落实到每个业务管理部门，规范投资和管理行为。

2．监督检查的具体实施

湖北省政府投资重大项目建设监督检查办法

第一条　为加强对中央关于推动科学发展、保持经济平稳较快发展政策措施执行情况的监督检查，保证政府投资重大项目资金使用安全和工程建设质量，提高投资监管效能，促进反腐倡廉建设，根据《行政监察法》、《行政监察法实施条例》等有关法律法规，结合本省实际，制定本办法。

第二条　本办法适用于对本省各级政府投资建设的重大项目的监督检查。

第三条　本办法所称政府投资重大项目包括：

（一）使用国有资金投资或国家融资，对国民经济和社会发展有重大影响的建设项目；

（二）本省各级政府固定资产投资计划的重点、大中型建设项目；

（三）本省各级政府确定的其他重大建设项目。

第四条　本省各级纪检监察机关组织协调有关部门对本级和下级政府投资的重大建设项目进行综合性或专项监督检查，适时派出督查组或督查人员开展工作。

第五条　监督检查工作必须坚持实事求是、客观公正，依法办事、有错必纠，注重增强督查工作的实际效果。

第六条　通过监督检查，督促各地各部门加强组织领导，加快重大建设项目筹备、实施工作进度，及时发现、纠正和查处违纪违法行为，确保重大项目建设顺利进行。对下列事项进行重点督查：

（一）检查建设项目规划、立项是否符合科学发展观的要求及中央和省规定的投向，项目安排和投资决策是否履行民主化、科学化程序，投资有无用于高耗能高污染、低水平重复建设和产能过剩行业项目，有无用于违反规定的楼堂馆所项目等情况；

（二）检查建设项目审批和建设程序是否依法合规，是否履行国家有关项目审批、核准、备案等程序，是否严格执行土地、环保、节能等政策和管理规定；

（三）检查建设项目是否严格按照项目法人责任制、招标投标制、工程监理制和合同管理制等要求实施和管理，是否存在未经批准擅自提高或降低建设标准、改变建设内容、扩大或缩小建设规模的情况；

（四）检查发展改革部门是否迅速下达投资计划，财政部门是否按规定及时拨付资金，国土资源、环保、城乡建设部门和有关行业管理部门是否及时有效办理相关手续，地方和项目单位的配套资金是否足额到位；

（五）检查项目建设资金管理使用是否规范、透明、公开，是否存在滞留、挤占、截留、挪用以及虚报冒领、铺张浪费建设资金等情况；

（六）检查项目及施工单位是否建立和落实工程质量和安全生产领导责任制，是否严把工程质量关，是否存在安全隐患，是否防范事故风险；

（七）检查国家机关及有关单位工作人员在项目建设过程中是否存在滥用职权、玩忽职守、徇私舞弊、贪污受贿等违纪违法问题，项目建设相关单位和人员是否存在其他违纪违法问题。

第七条 监督检查工作采取下列方式：

（一）参加有关部门研究投资项目安排等重要会议，听取项目实施情况的汇报；

（二）召开不同类型的座谈会，向被检查地方和单位的干部、群众了解情况，听取对项目实施情况的意见；

（三）查阅、复制有关建设项目的文件、财务账簿、会议记录等资料；

（四）进入建设项目现场进行查验，调查、核实建设项目的招标投标、工程质量、进度等情况；

（五）向发展改革、财政、建设等有关部门及金融机构调查了解被督查单位的投资安排、资金流向、工程质量和经营管理情况；

(六)受理反映重大建设项目有关问题的来信来访,要求项目单位负责人对有关问题做出说明;

(七)与被检查地党委、政府及项目主管部门沟通监督检查情况。

第八条 被督查单位及有关方面应协助督查人员做好监督检查工作,如实提供相关的文件、资料和情况证明,不得妨碍监督检查工作的正常进行。

第九条 发现被督查单位违反项目建设和管理规定的,督查组可以下发整改通知书,或报请派出机关下发监察决定书,责令其限期改正,情节严重或拒不改正的,可建议有关部门暂停拨付建设资金,直至暂停项目建设。涉及其他部门权限的,及时移交其他部门处理。

第十条 督查组在监督检查中遇有重要事项应及时请示派出机关。监督检查工作结束后,应及时提交督查报告。督查报告包括下列内容:

(一)被督查单位或项目概况;

(二)项目筹备、实施或生产经营情况;

(三)建设项目存在的违规问题事实;

(四)对项目单位违规行为的处理建议;

(五)督查专班认为需要报告的其他事项。

第十一条 项目单位有下列情形之一的,按照有关法律法规的规定处理,对直接负责的主管人员和其他直接责任人员追究责任:

(一)弄虚作假,骗套财政专项资金的;

(二)截留、挪用、贪污私分财政专项资金的;

(三)严重违反建设项目立项、审批程序的。

第三节 农村基础设施建设财务审计

一、农村基础设施建设财务审计的相关定义

(1)财务审计。财务审计是指审计机构按照《中华人民共和国审计法》及其实施条例和国家企业财务审计准则规定的程序和方法对被审单位的会计资料的真实性、合法性和合规性以及效益性所进行的审计监督,对被审计单位会计报表反映的会计信

息依法做出客观、公正的评价，形成审计报告，出具审计意见和决定。

（2）基础设施建设财务审计。基础设施建设项目的财务审计是一项专项审计，是审计监督体系中的重要组成部分，是审计部门对与基础设施建设项目有关的单位的财务收支情况和财务状况进行审计的一种经济监督活动，其目的主要是使建设资金合理使用，提高投资效益，保障国民经济健康发展。

（3）建设项目投资跟踪审计。投资跟踪审计就是对一个建设项目投资的全过程进行审计，也就是说从项目建议书、可行性研究报告、初步设计、施工图设计、施工准备、项目实施、生产准备、竣工验收及项目评估的几个方面，进行全过程监控。建设项目投资具有一次性投资大，影响大的特点，建设项目投资跟踪审计有助于项目能够顺利完成，更好的促进新农村建设。

（4）建设项目效益审计，即指由独立的审计机构或人员，依据有关法规和标准，运用审计程序和方法，对被审计单位或项目的经济活动的合理性、经济性、有效性进行审查、分析，评价经济效益的优劣，提出改进建议，促进其管理、提高效益的一种独立性的监督活动。建设项目效益审计，已经突破了一般财务收支审计的范畴。建设项目效益审计不仅有纯粹的财务收支审计内容，而且包括了大量的项目管理审计内容，深入到了被审计对象的业务流程，以建设项目的投资决策、投资管理、资金使用和投资效果为主要审计内容，根据投资领域相关政策的评价为依据，以结果为导向，对审计建设项目财务活动的合规性、经济性、效果性、效率性做出评价，提出改进资金使用和项目管理的意见和建议，因此具有很大的综合性。

二、农村基础设施建设财务审计的目标及分类

农村基础设施建设财务审计的目标是加强对建设项目的宏观控制，使国家投融资体制更加规范和完善；促进建设项目控制制度的建立和健全，改善建设项目的微观管理，纠错查弊，维护国

家财经法纪，维护投资者的利益。

围绕着审计目标，农村基础设施建设财务审计可以根据不同的标准进行如下分类，见图8-4所示。

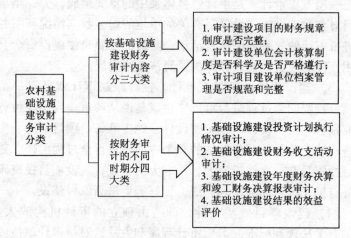

图8-4 农村基础设施建设财务审计分类

（1）按基础设施建设财务审计的内容可分为三大类。

1）审计建设项目的财务规章制度是否完整。建设项目的规划、资金筹资、项目实施、项目运营、偿债等环节，都应按照具体的制度进行规范化的管理和运营。因此应分别审计基础设施建设项目的各个环节的制度是否完整合规。

2）审计建设单位会计核算制度是否科学及是否严格遵行。建设单位应建立科学的会计核算制度并严格遵照执行。因此进行基础设施建设财务审计时应审查建设单位的会计核算制度是否健全科学，是否符合国家的财经法规，并且在建设项目过程中是否严格遵照执行。

3）审计项目建设单位档案管理是否规范和完整。在建设项目进行财务审计时，建筑单位必须提供以下资料：可行性研究报告；初步或扩大初步设计；修正总概算及审批文件；项目总承包合同；工程承包合同；标书文件；工程施工签证资料；工程结算资料；历年基建投资计划；财务决算及批复文件；工程项目点交清单；财产、物资移交和盘点清单；银行往来及债权债务对账询证资料；根据竣工验收办法编制的全套竣工决算报表及文字报告等。建筑单位必须妥善保管上述材料，对这些方面的审计主要是审计档案资料的规范性、完整性。

(2) 按财务审计的不同时期分类。

农村基础设施建设项目财务审计按建设项目的不同时期可分为以下几类：基础设施建设投资计划执行情况审计；基础设施建设财务收支活动审计；基础设施建设年度财务决算和竣工财务决算报表审计；基础设施建设结果的效益评价。

三、农村基础设施建设财务审计方法

农村基础设施建设财务审计包含以下四种方法：

(1) 审计查账法。财务审计可以通过审阅和核查会计资料及会计报表等方式来发现问题，具体又可分为审阅法、核对法（不同记录之间相互验证）、复核法、账户分析法。

(2) 审计盘点法。审计盘点法是通过盘点实物和账目对比来发现问题，具体包括直接盘点法、间接盘点法、会同盘点法、突击盘点法。

(3) 审计调查法。审计调查指审计人员通过现场调查或询问等方式来获取所需资料，审计调查法包括实地观察法、查询法（书面或口头询问的方式）、函证法。

(4) 审计抽样法。审计抽样是指审计人员在实施审计程序时，从审计对象中抽取一定数量的样本进行测试，并根据测试结果推断总体特征。审计抽样根据抽样的方法不同又可分为统计抽样和非统计抽样等。统计抽样指审计人员在计算正式抽样结果时采用统计推断技术的一种抽样方法；非统计抽样，指的是审计人员凭借主管标准和个人经验来评价样本结果并对总体做出结论。

四、农村基础设施建设财务审计内容

基础设施建设财务收支审计主要包括建设项目资金来源及使用的审计、建设项目资金管理情况审计和建设项目终结审计,见图 8-5 所示。

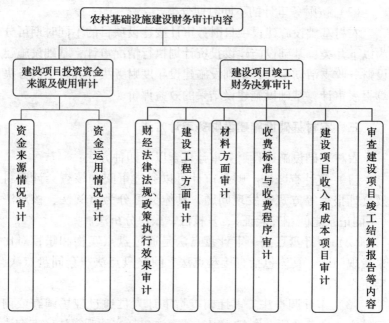

图 8-5 农村基础设施建设财务审计内容

1. 建设项目投资资金来源及使用审计

农村基础设施建设项目其资金来源主要有以下几个方面:国家预算内直接安排的资金;地方财政和项目自筹资金;专项资金等。根据资金来源,建设项目的审计具体包括以下内容:

(1) 资金来源情况审计

1) 财政资金来源审计。对于财政性资金,审查有无拨款单位下达的批准文件,重点检查是否按要求做好项目前期工作;有无虚报项目;骗取财政资金的现象;是否按基建项目程序开展项

目建设。

2）配套资金及自筹资金来源审计。审查建设单位的财务报表和建设项目财务预算，并根据经营积累和预算安排情况，测算建设期间可能筹集到的建设资金是否可以满足投资的需要。重点检查建设项目的配套资金和自筹资金是否落实，资金来源是否合理，是否正当，有无乱摊派、乱收费和挪作其他用途资金的情况。还要审查自筹资金是否落实及是否符合国家规定。

3）贷款资金来源审计。对贷款资金来源审计，主要审查是否签订了贷款意向或协议书、贷款数额和期限是否能够满足投资的需要。

4）利用外资情况审计。

对外资的审计主要审查其真实性和合法性；汇率、利率是否符合规定；有无附加条件；是否签订了合同、协议等。

对合资经营项目的资金，主要审计合资企业合同中约定的资金来源和各方出资比例、出资时间，中介机构出具的证明文件，如验资报告、公证书等。

（2）资金运用情况审计。资金运用情况审计重点审核资金是否按照规定的用途安排使用；专项资金是否做到专人负责、专户存储、专款专用。用于专项投资，有无挪作他用或与其他资金混存混用的情况。另外应对建设、施工、设计、监理等与建设项目有关的财务收支、建设（施工）工程成本、财务核算进行经常性的实质审计。对建设资金到位、分配、使用的各环节进行审计。还要审查征地拆迁费、勘察设计费、监理费、设备材料费以及工程价款的支付是否采用合同管理，是否符合财会政策规定以及支出程序是否严格。

2. 建设项目竣工财务决算审计

竣工财务决算审计是指建设项目正式竣工验收前，审计机关依法对项目竣工决算的真实、合法、效益进行的审计监督，其目的是保障建设资金合理合法使用，正确评价投资效益，促进总结建设经验，提高项目建设管理水平。

农村基础设施建设项目竣工财务决算审计包括以下内容：

（1）各项财经法律、法规、政策的执行效果审计。通过审查以下三方面内容查看建设单位的财务活动是否符合国家的各种财经法律、政策和法规。

1）审核建设单位财务管理机构是否健全、管理责任是否明确。主要审查建设单位是否按现行财务管理制度设置独立的财务管理机构、配备专职的财务人员。

2）审核会计账簿的设置和合规性情况。重点审查建设单位是否按照会计制度设置科目和账本，另外会计账册、报表、凭证的内容是否真实；手续是否完备；会计核算是否规范；计算是否准确。

3）审核建设单位内部管理制度是否健全及应用情况。重点审查建设单位是否按规定建立完善的内部控制制度以及相应的财务管理制度，在项目的建设期间是否遵照实施。如往来款项结算、债权债务是否处理及时等。

（2）建设工程方面审计。建设工程审计是指根据建设图纸及图纸更改通知单、隐蔽工程签证单等，审查建设工程结算的工程量计算过程、计算结果是否符合所用的定额要求及有无超出图纸范围。这只是审核建设工程结算的最基础工作。

（3）材料方面审计。材料用料审计包括材料用料审计及材料价差审计两个方面。

材料用料审计是指审查计算出来的工程量所对应的定额含材料数量是否正确。建设单位的设备购置及材料采购应当严格按照批准的初步设计和概算进行；随同设备仪器一起购入的备件、工具、器具等是否符合设计要求、有无自行决定多购或少购问题、是否按规定入库保管；采购材料的质量是否符合设计要求、数量能否保证建设需要、运输和保管过程中有无丢失、短缺等。

材料价差审计是指审查计算材料价差时是否根据建设管理

部门公布的各时期的材料结算单价减去定额所采用的材料单价。

（4）收费标准与收费程序审计。收费标准与收费程序审计是指审查施工单位资质等级是否按相应等级各项费率收取相应的各项费用以及是否按照建设管理部门公布的建设工程计费程序进行收费；审查有无多累计计费项目。审查建设单位各项费用列支的依据、标准、范围是否合规、正确。另外还要审核列入待核销基建支出的各项费用是否符合制度规定。

（5）建设项目收入和成本项目的审计。通过对项目工程收入及成本进行确认，审查工程建设项目是否实现"工期、质量、造价"三大控制目标的情况，包括以下两方面的内容。

1）基础设施建设收入审计。基建收入是指在基础设施建设过程中形成的各项工程建设副产品变价净收入、负荷试车和试运行收入以及其他收入。基建收入审计主要是审计各项收入是否及时入账管理、是否按规定扣除相关税费、是否在项目竣工后按规定转给生产单位（或事业单位）。

2）建设成本及其他支出审计。建设成本包括建筑安装工程投资支出、设备投资支出、待摊投资支出和其他投资支出。除了对于各项成本支出进行审计外，还要审计各项建筑费用。审核各项费用是否真实，是否与建设项目有关，应当在成本中归集的费用是否全部记入了成本，有无属于生产经营性支出（或事业性支出）挤入了成本的问题；有无将生产经营费用（事业性支出）人为划转到基建支出的问题。

（6）审查建设项目竣工决算报告、交付使用财产总表及明细表等内容。主要对年度决算报表的完整性、真实性进行审核。如竣工决算的编制依据是否符合规定、资料是否齐全、手续是否完备、基础设施建设年度会计报表与年度决算是否一致、有无弄虚作假等问题。

第四节 建立民主机构进行财务管理和监督

在此介绍五种民主机构和制度以供广大农村基础设施建设主体参考,以选择适用的机构和制度。

一、民主管理机构及制度

1. 村民委员会及村民会议

村民委员会是村民自我管理、自我教育、自我服务的基层群众性自治组织,实行民主选举、民主决策、民主管理、民主监督。村民委员会负责办理本村的公共事务和公益事业,调解民间纠纷,协助维护社会治安,向人民政府反映村民的意见、要求和提出建议。村民委员会的选举,由村民选举委员会主持,而村民选举委员会成员由村民会议或者各村民小组推选产生。《中华人民共和国村民委员会组织法》第17条规定"村民会议由本村十八周岁以上的村民组成。召开村民会议,应当有本村十八岁以上村民过半数参加,或者有本村三分之二以上的户代表参加,所做决定应经到会人员的过半数通过"。村民委员会向村民会议负责并报告工作。村民会议每年审议村民委员会的工作报告,并评议村民委员会成员的工作。

村民会议由村民委员会召集,如有十分之一以上的村民提议,应当召集村民会议。《中华人民共和国村民委员会组织法》第21条同时规定"人数较多或居住分散的村,可以推选产生村民代表,由村民委员会召集村民代表开会,讨论决定村民会议授权的事项"。涉及村民利益的下列事项,村民委员会必须提请村民会议讨论决定方可办理。

村民委员会和村民会议是农村进行民主管理的主要机构和形式,也是农村基础设施财务管理和监督的主要结构和形式,是村民行使民主管理权利的机构保障。而《中华人民共和国村民委员会组织法》是村民行使民主管理权利的法律保障。

2. 农村党支部

村民委员会和村民党委会简称"两委会",是村民民主管理的主要形式,而基层党组织的凝聚力是党的执政能力的重要体现。农村党支部是基层党组织在农村的组织形式,在农村政权中处于领导核心地位。在村党支部书记人选上,引入竞争机制,可采取"两推一选"模式以及"公推直选"模式。不断创新村干部选拔任用机制,把政治素质高、经济头脑灵活、办事公道、能带头创业致富、善于处理复杂矛盾的党员选拔到村党组织书记岗位上来。

二、户代表议事会议制度

户代表议事会议是村务公开、民主管理的一种新途径、新方法。"户代表议事会议"制度要求对村集体的决策,以户为单位,每个家庭推选出一名户代表参与重大村务决策,或者依据群众居住情况和生产关联情况,每几户村民中选举推荐一名户代表,通过户代表、村民代表把方方面面的意见和建议统一到村民代表大会上,最后通过集体表决形成决议。

这种制度能够扎实推进农村民主政治建设,有效地保障村民的民主权利,提高了村务重大事项决策的科学性、民主性。通过以户为单位的群众参与村级重大事务的制度,能够提高民主决策、民主管理和民主监督的可操作性。并且使得每一位村民都能从自身的角度就村级重大事务发表自己的意见和见解,并有组织地进行统一收集,向上传递和汇总。从而使每一次的村级重大事务的议事落实到每一位村民,获得议事的广泛性,充分体现议事的广泛性和民主性,能够使村集体决策更加科学和符合民意。

例如,如光泽县自 2002 年 7 月以来,大力推行农村"户代表议事会议"制度,具体工作流程如图 8-6 所示。

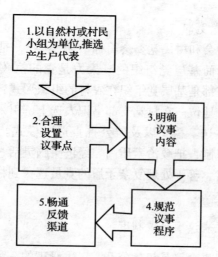

图 8-6 光泽县农村"户代表议事会议"制度的工作流程

(1) 以自然村或村民小组为单位,推选产生户代表。

每户从 18 周岁以上的家庭成员中推选一名具有参政议事能力、最能反映家庭意愿的成员(男女、老青不限)作为户代表,并填报村里统一负责印制的《户代表推选单》,经成年家庭成员签字后生效。

(2) 合理设置议事点。

以自然村或村民小组为单位设置议事点,一般设置在人际关系比较好、房屋宽敞整洁、村民喜欢聚集的农户家中。

(3) 明确议事内容。

根据《村民委员会组织法》的规定和村务公开民主管理的要求,把与农民群众根本利益密切相关的生产发展项目、基础设施建设、林权改革和山林发包、村集体财务收支、低保户确定、计划生育、推荐村级后备干部和入党积极分子、制定村民自治章程和村规民约等事项,以及法律法规规定的应当由户代表会议决定的其他事项,作为议事和决策的主要内容。

(4) 规范议事程序。

召开户代表会议,参会户代表必须占全体户代表的三分之二以上方有效,作出决议,必须经参会户代表的过半数同意。村级事务户代表会议可以集中召开全村户代表会议,也可以分组召开户代表会议。集中开会时,由村民小组长负责召集,村"两委"主要干部主持,当场进行表决,当场作出决策;分组开会时,由村民小组长负责召集并主持会议,表决之后将表决结果报告村委会,村委会集中汇总,按照多数户代表意见作出决策,决策结果在各村民小组户代表议事点进行公示。组内事务户代表会议由村民小组长负责召集并主持会议,参会户代表围绕议题充分发表各自的意见和建议,并对议题进行表决,形成表决结果报村委会备案。

(5) 畅通反馈渠道。

户代表议事会议除进行重大事项的民主决策外,对于小组组内事务及涉及全村重大村务的实施情况,在户代表会议上也进行反馈。涉及全村重大村务反馈时,村"两委"必须安排干部到场,接受户代表质询。

三、民主自治机构——新农村建设理事会

中央关于社会主义新农村建设总的要求是:"生产发展、生活宽裕、乡风文明、村容整洁、管理民主"。新农村建设理事会是村民自治的群众基层组织,是在社会主义新农村建设中产生的农村民间自治组织,是管理民主的体现。新农村建设理事会由村民代表推选产生,组织村民开展村容村貌整治,是自主实施、自我服务、自我监督的理事机构。理事会能够把农村基层组织建设延伸到自然村一级,有利于新农村建设工作的顺利开展。村民理事会接受村党支委、村委会的领导,协助乡党委、乡人民政府、村两委开展工作,能够有效地沟通群众和上级,是一种非常有效的民主管理新机制。

1. 新农村建设理事会的成立

新农村建设理事会由全体村民公选出理事会成员。理事会成员既要了解新农村建设的重大决策和文件精神,又要来自农民、了解农民。成员应选举热心公益事业、为人公正、在当地有号召力、有能力(主要是科技文化素质和致富能力较强)的人担任

理事长和理事会人员,理事会负责管理村里的新农村建设事务,并且理事会实行民主集中制。

2. 新农村建设理事会的职责

新农村建设理事会成员组织全体村民共同制定理事会职责、章程。主要职责是:负责自然村新农村建设规划编制,筹集公益事业建设所需资金,组织本自然村村民参加公益劳动和活动;组织群众开展文体活动,指导教育村民讲文明、讲礼貌、讲卫生,养成良好的生活习惯;负责村内治安维护,村民纠纷调解等。理事会定期议事,对一些特殊问题或重大问题则通过召开村民代表会议作出决定。

新农村建设理事会是村民的理事会,体现全体村民的意愿。但在新农村建设的重大决策中要接受镇、村两级的指导,接受全体村民的监督。

新农村建设的主体是农民群众,党委、政府是新农村建设的主导。因此开展新农村建设,必须充分发挥农民群众的主观能动性,让农民群众主动积极参与,引导他们主动建设美好家园。新农村建设理事会为建设社会主义新农村提供了组织保障。

四、民主监督机构——村务监督委员会

"村务监督委员会"是社会主义新农村建设中出现的新的乡村治理形式。村务监督委员会是村务监督机构,监委会的目的是监督村官的权力,体现村民们当家作主的权利。

1. 村务监督委员会的性质及作用

新农村建设进一步提出了村民的民主决策、民主管理、民主监督的权力,村"两委"(党支部委员会和村民委员会)是决策机构和执行机构,"两委"及相应的组织法规的正确落实有助于村民的民主决策和民主管理,村民监督委员会(下简称监委会)是与之并列的"第三驾马车",是村务监督机构。通过监委会对村务进行监督,在分权制衡与合作的基础上,共同管理村务,被称为"三驾马车分权制衡管村务"的形式。

在这一架构下,村民通过村民会议(或村民代表会)决策重大村务,通过村民委员会高效执行,通过村务监督委员会监督村民委员会、避免村民委员会滥用权力。我国法律赋予村民的民主监督权利,这种权利是农村民主自治的表现形式之一,村民监督委员会制度既是适合村民实行民主监督的硬约束制度,又能让村民在村务管理中切实参与进来,保障村民的权利,激发村民参与村务管理的热情。

2. 村务监督委员会成员的产生

监事会成员由村民大会从村组干部以外的村民中选出,其成员一般为5~10名,由监事会全体成员推举一人任监事会会长。监委会组成人员由思想政治素质好、政策法律意识强、熟悉村里事务、热心为村民服务、坚持原则、公道正派、威信较高、敢于监督、且不是"两委"班子成员的直系亲属构成。监委会要列席村委会议,监督村委工作,审核村务、财务,提出意见和建议,还可以对不合格的村委会委员提出罢免意见。究其实质监委会就是要当好"四大员":监督员、联络员、调解员、宣传员。

3. 村务监督委员会的实践

> 安远县在农村中设立村民监督委员会,以适应新农村建设形势下民主管理的新要求,使民主管理达到一个新水平。该村监委会设会长1人,成员4人,组成人员中党员应占70%左右。成员一般以村内"五老"(老干部、老党员、老劳模、老知识分子、老复员军人)为主,均由村民代表会议选举产生,村"两委"班子成员及其亲属均不参选。
>
> 根据村务监督制度,监委会直接对村民代表大会负责,村"两委"在村务管理中必须接受监委会的五方面监督:一是村级制度修订程序,对于未经村民会议或村民代表会议公开表决,村"两委"自行修改村级管理制度的,监委会有权提出"公投"建议。二是村务财务公开审核程序,对公开内容及程序进行监督。三是听证程序,村民对村务财

务公开内容及村"两委"执行制度情况有疑义的，经五分之一以上村民代表同意，监委会可以书面形式建议村委会举行听证。如村委会7日内无正当理由不作出听证决定或解释，监委会可直接向上级主管部门反映。四是年终述职考评程序，年终村干部须向村民会议或村民代表会议述职述廉，由监委会主持考评工作，并根据考评结果兑现奖惩制度。五是村干部罢免程序，对群众测评不信任票超过50%的村委会成员，监委会有权提请启动罢免程序。

具体运行中，当村务管理出现问题时，监委会向村"两委"提出建议，如果村委会主动纠正或问题得到解决，则矛盾内部自行化解。如果监委会的建议村委会不采纳，两者意见不一致，监委会提请村委会召开村民代表会议，监委会提出否决的理由，村委会阐述坚持的理由，然后由村民代表会议讨论决定。

村务监督委员会被当地农民高兴地称为"老百姓自己的'纪检委'"。

五、村民服务组织——公益事业理事会

1. 公益事业理事会作用

在新农村建设中，农村中普遍存在"事难议、议难决、决难行"的问题，公益事业理事会能有效地解决农村公益事业筹资难、没人办、难管理的难题，充分调动群众参与公益事业的积极性，使村"两委"从繁杂的事务中解脱出来，集中精力抓经济建设。农村公益事业理事会由村民代表选出威信高、办事能力强的村民担任理事会长，凡涉及村民利益的公益事业，均由理事会长组织理事会成员统一操办，资金由受益农户捐赠，并由理事会统一进行资金管理。公益理事会能有利于促进公益事业的建设，促进新农村建设事业的顺利进行。

2. 公益理事会的产生

理事会人员选举以自然村为单位，推选出3~5名本村村民组成公益事业理事会。成员须具备以下条件：一是非现任村干部；二是公道正派、有威信；三是自愿为群众办事服务；四是有

较强的组织、协调能力和一定的财务知识。以村为单位建立公益事业理事会，成员设7~9名，由村民大会或户主会民主推荐人选，主要负责本村农房、交通、水利基础设施等公益事业建设。

3. 公益理事会运作程序

公益事业建设应采取公开招标，标的确定、中标人认定、合同签订由村公益事业理事会、村"两委"召开联席会议进行民主决策，采取"一事一议"的决策方式，由理事会收集村民意见，村"两委"提出方案，村民代表大会、党员大会讨论表决。每个公益事业议题经广大村民或村民代表提出后，由理事会拟订方案，提交户代表会或村民代表会议讨论，与会代表三分之二以上同意有效。

公益事业理事会专人负责公益事业建设经费、各类补助资金发放，每一笔支出都由村两委和公益事业理事会联合审批。对于理事会支出的资金要严格保管和审核，还要接受村民监督委员会及村民的监督。

第九章 国外资金的争取与管理方法

新农村建设需要大量的资金投入，尤其是农村基础设施建设项目的投资。要想改变我国农村基础设施建设资金短缺的状况，除了有效利用国内的资金外，还要充分利用外资。结合农村基础设施建设项目的特点以及改革开放二十多年来农村利用外资的情况，这里主要介绍多边机构提供的贷款和国际组织的援助、双边政府之间的经济技术合作、外商直接投资、国际贷款等几种外资方式。本章对双边政府之间的经济技术合作着墨不多，着重论述有关国外资金利用的情况。

一般来讲，新农村建设获得外资的一般程序是地方先报到国家财政立项，然后进行相关程序的办理。地方上的外资需求，如果能够列入国家滚动计划，国家就将这些计划报到国际金融组织进行谈判，如世界银行、亚太银行等。假如这些计划恰好符合对方的兴趣，就可以进入项目程序，也就是说就可以获得外资贷款或援助立项。由于几类外资的内涵及其进入农村领域的方式都有所不同，因此我们将在以下几节中分别加以阐述。

第一节 外商直接投资

一、内涵

外商直接投资，也称为直接外国投资，或者直接投资。外商直接投资指外国企业和经济组织或个人（包括华侨、港澳台胞以及我国在境外注册的企业）按我国有关政策、法规，用现汇、实物、技术等在我国境内开办外商独资企业、与我国境内的企业或经济组织共同举办中外合资经营企业、合作经营企业或合作开发资源的投资（包括外商投资收益的再投资），以及经政府有关部门批准的项目投资总额内企业从境外借入的资金。

二、类型

外商直接投资采用的主要方式是成立中外合资经营企业、中外合作经营企业、外商独资经营企业和中外合作开发。外商直接投资的其他投资方式包括补偿贸易、来料装配等。

（1）中外合资经营企业亦称股权式合营企业，是由外国公司、企业和其他经济组织或个人同中国的公司、企业或其他经济组织在中国境内共同投资举办的企业。其特点是合营各方共同投资、共同经营，按各自的出资比例共担风险、共负盈亏。各方出资折算成一定的出资比例，外国合营者的出资比例不低于25%。中外合资经营企业是我国利用外商直接投资各种方式中最早兴办也是数量最多的一种。目前在吸收外资中仍占有相当比重。

（2）中外合作经营企业亦称为契约式合营企业，是由外国公司、企业和其他经济组织或个人同中国的公司、企业或其他经济组织在中国境内共同投资或提供合作条件举办的企业。中外各方的投资一般不折算成出资比例，利润也不按出资比例分配。各方的权利和义务，包括投资或者提供合作条件、利润或者产品的分配、风险和亏损的分担、经营管理的方式和合同终止时财产的归属等事项，都在双方签订的合同中确定。一般由外国合作者提供全部或大部分资金，中方提供土地、厂房、可利用的设备、设施，有的也提供一定量的资金。

（3）外资企业即外商独资经营企业，系指依照中国法律在中国境内设立的全部资本由外国的公司、企业、其他经济组织或者个人等投资的企业。根据外资企业法的规定，设立外资企业必须有利于我国国民经济的发展，并应至少符合下列一项条件，即采用国际先进技术和设备；产品全部或者大部分出口。外商独资经营企业的组织形式一般为有限责任公司。

(4) 中外合作开发,是海上和陆上石油合作勘探开发的简称,是目前国际上在自然资源领域广泛使用的一种经济合作方式,其最大的特点是高风险、高投入、高收益。合作开发一般分为三个阶段,即勘探、开发和生产阶段。合作开发相比于以上三种方式,所占比重很小。

(5) 其他方式。补偿贸易是指由外商直接提供或在信贷基础上提供机器设备给我国企业,我国企业以该设备、技术生产的产品,分期偿还进口设备、技术的价款和利息,是一种集技术贸易、商品贸易和信贷于一体的利用外资形式。来料装配则是来料加工、来件装配业务的统称。它是由外商提供原辅材料、零部件、元器件、包装物料等,由我方企业按外商要求加工装配,成品交与外商销售,我方收取外汇工缴费的对外经济合作方式。

三、影响外商直接投资的因素及对策分析

外商直接投资的比重和规模较小,其影响因素主要有如下几个方面:

首先,农村和郊区的基础设施以及生活设施建设不够完善。这主要是基于外商直接投资的目的而言的,外商直接投资是为了追求利润最大化,如果投资地区的交通、通信、供水、供电等基础设施较为完善,则可以大大降低农村经营的成本。而且,农村地区基础设施完善,外商的农产品加工企业就可以尽可能地靠近产地,从而大大降低成本。这也是为何外商直接投资在农村领域中集中于沿海一些基础设施相对发达地区的一个重要原因。因此,各级各地政府要积极贯彻落实党的"十七大"精神和国家的法律政策,尽最大努力完善农村的基础设施建设。

其次,国内有实力的农村企业相对缺乏。我国农村的生产经营还未摆脱粗放分散的局面,发达国家普遍存在的农村综合企业而在我国数量还很少。即集农业生产、农产品加工和营销乃至农业科研为一体,并与农民和农民合作组织建立了长期稳定的商业合作关系的一种高度专业化、现代化、规模化、实力

雄厚的农工商业实体数量较少。外商投资介入涉农领域的方式多种多样，不仅可以直接投资设厂，也可以与国内企业合资或者合作，还可以参股或者并购，但前提是国内必须存在这类能够与外资有效合作的农村企业。国内如果多一些这样的大型涉农企业，外商就多一些选择，外商投资也就多一些顺利流入涉农领域的渠道。

　　再次，引进外商直接投资未做到因地制宜。一个地区选择什么样的外商投资项目，主要是要考虑本地区各种资源的配置、交通通信和市场条件等，特别要与本地区产业结构调整优化结合起来。投资规模大、技术水平高、面向国际市场的项目，宜采取合资经营的形式；产品市场前景好而资金短缺的项目，可采取合作经营的方式；资源丰富、劳动密集型的项目，可考虑外商独资经营方式。不能够盲目引进项目，要进行切实的研究和论证，以保证外资进来之后给当地带来的效益，包括经济效益、环境效益、生态效益以及社会效益。

　　最后，吸引外商直接投资没有做到有的放矢和有针对性地进行招商引资。目前，全国各地尤其是中西部地区有着农村建设资金方面的强烈需求，为引进外资，在招商引资的过程中一味地比拼优惠条件和殷勤服务，其实这是不可取的，其他行业中既有的诸多失败事例可资借鉴。当然，完善农村利用外资的政策如改革对农村外商使用土地的审批、收费及管理政策，对于那些大型的农村开发项目、引进先进技术和优良品种的项目、投向基础设施、回报期较长的项目给予一定的税收和信贷政策的优惠等还是必要的。最重要的是要立足本地现实情况，目标明确，有针对性地进行引资，才能提高成功率。比如，如果打算吸引大型跨国公司来本地投资，就应该在分析本地优势及地方特色的基础上，深入研究跨国公司的情况——了解企业背景、分析投资现状尤其是跨国公司的海外投资情况、掌握其投资偏好、预测其投资动向，进而选择合适的对象，采取有效措施，主动地与国外涉农企业接触，邀请他们来华考察，进行重点突破等。

总之，除了解决好以上所述问题外，还应扩大利用外资规模。利用国外贷款不单纯是国外资金的引入，同时也是国外先进科技成果、人才智力和先进管理模式等先进生产力的引入。首先，要增加农业利用外资的规模。我国农业一直是贷款国或国际金融机构愿意优先安排贷款的领域，同时也是国家重点支持的领域。但近几年来，用于农业的国外贷款所占的份额很少。应继续按照有关文件精神，进一步明确国外贷款中可能用于农业生产、基础设施建设和农用工业的比重，以确实保证农业利用国外贷款的总量。其次，要给予政策性支持。建议国家和地方政府真正将农业利用国外贷款纳入国家总体资金利用计划，尽快实现内外资的统一，同时对农业使用国外贷款给予一定的贴息，延长还款期限，转贷不增加利差，并积极寻找国外赠款，以体现国家对农业利用国外贷款的支持。最后，调整农业利用国外贷款投资重点，加大对农业科技的投入，提高项目的科技含量。积极扶持农业综合企业，提高外资利用质量。

第二节 国外援助

国外援助一度是我国农村利用外资的主要渠道，对我国农村的发展起到了较好的促进作用。本节将对国外援助的情况进行具体介绍。

一、国外援助的界定及其形式

国际援助是指官方发展援助以及由非政府组织提供的私人即非官方援助，其包括所有货币形式的官方赠予和优惠贷款。通过援助，解决受援国的政治经济困难或问题，或达到援助国家特定的目标。从经济学上来讲，国际援助（不含军事援助）应该符合以下两个标准：一是从援助者方面来看，它的目的不是商业营利性的；二是它应当具有优惠条款的特征，即借入资本的利率和偿还期比起商业条款应是更软的。

官方发展援助包括政府间（官方）双边和多边发展援助。双边援助的出资者，通常是通过一个援助机构，如美国国际开发署（USAID）、英国海外开发署（ODA）、加拿大国际开发署（CIDA）等，来计划和分发贷款及赠与。主要的多边援助机构是世界银行、国际货币基金组织、地区开发银行和联合国。其中最大最有影响的是世界银行及其附属机构，其在国际援助中起主导作用，但其提供的资本大多数并非无偿援助，它从世界资本市场以现行的优惠利率借得资金，再以稍高一点的利率贷款给发展中国家。这与发展中国家靠自己获得的资金相比，能够利用的量较多，利率也较低。国际货币基金组织不是主要参与推动发展，其越来越把注意力集中在通过以各种方式提供国际收支平衡贷款，来帮助发展中国家。通过世界各大洲的地区开发银行向成员国发放硬贷款或软贷款。地区成员国或主要援助国向这些银行提供资本。非政府组织包括宗教团体、私人基金和慈善组织、研究组织等志愿组织或个人。其与发展中国家的大多数当地基层群众组织合作，在减轻贫困、保护环境等方面发挥作用。

国外援助的援助形式多样，如项目援助，即在援助过程中，多数资金按具体项目发放；技术援助，即无论是贷款或捐赠，都在一定程度上提供技术；智力援助，即在农村等援助领域提供相应的专家或设立国际援助，用来培养发展国自己的专家学者等。其中对援助国发展的影响最明显的是项目援助。如1995年开始实施的世界银行中国西南扶贫项目、世界银行秦巴山项目和世界银行中国西部扶贫项目，世界银行援助资金总额达到6.1亿美元，预计可以解决八百多万贫困人口的温饱问题。此外，在国际援助中，无偿援助的资金是有限的，即带有捐赠性质的资金，旨在发挥项目的示范效应。其一般是通过合作项目的方式实施，这就要求合作方要有一定比例的配套资金等。

随着中国经济的持续快速增长和国际竞争力的不断提高，一些国外政府和国际金融组织纷纷对国际援助战略做出调整，从整体上减少了对中国的援助。以我国粮食为例，自1979年以来，中国一直与世界粮食计划署保持着密切的合作关系，接受粮食署的无偿粮食援助9.25亿美元。援助项目遍及中国各省、自治区和直辖市，覆盖214个市县。项目的实施对于改善中国贫困地区的农村生产条件和生态环境，合理利用农村资源，促进农村增产，提高粮食自给水平等各个方面起到了良好的作用，使中国3000多万人直接受益。由于贫困人口大幅下降、粮食产量持续增加，世界粮食计划署于2005年停止了对中国的粮食援助。从长期来看，随着我国经济社会的不断发展，来自国际社会的无偿援助必然会越来越少，中国逐步结束接受国际多双边无偿援助是一个必然过程。目前，我国正面临着一个由接受援助到发展合作的转变，在国际机构减少或停止提供软贷款和技术援助的情况下，利用硬贷款的成本比较高，我们要积极了解国际援助新的动态和领域，与建设社会主义新农村的要求紧密结合起来，发展合作，提高外资利用的效率。

二、影响国际援助的因素分析

在争取国际援助时需要注意以下几个方面的问题：

第一，要明确国外援助的目的。国外援助的目的在于通过合作项目的实施，显示项目的示范效应。一方面受援助单位在参与项目实施和管理的过程中学到了国外先进管理技术和发展理念；另一方面项目成功实施后所发挥出的示范效应能够使更多的贫困地区找到模板和榜样，通过学习使援助项目向更广泛的领域辐射。总之，能够使最初的援助资金起到"种子钱"和"催化剂"的作用。明晰国外援助的目的，有的放矢地进行申请才有可能提高成功率。

第二，要把握国外援助关注的重点领域，注重对项目的整体设计和论证。目前在多边或双边政府经济技术合作中，无偿援助获赠款所占的比例已经很小，贷款结构呈混合型即政府贷款加赠款，这些援助的总量虽然较少，但是援助方向却集中于某些重点项目地区和重点领域。在这些领域和方向里选择或确定项目是可能获取项目援助的第一步。其次要建立起有效的项目规划和论证机制。国内各主要项目方在项目准备的全过程中需要充分参与、密切配合，完善项目法人责任制，强化项目风险意识，增加项目执行的责任感等。要遵循国际惯例，大胆启用国内合格的经济、技术咨询专家和中介技术咨询评价机构参与项目的制定和论证，充分重视外方的项目论证程序，并与外方专家密切合作，提高项目制定和论证的科学性与可行性。

第三，做好充分的准备工作，表现出良好的项目管理水平。世界银行等国际组织并非"输血机器"，其所提供的援助无论是资金方面的或是技术方面的都不是"免费的午餐"，他们的目的是要提高受援地区的发展能力，形成"造血机能"。如何保障其援助的项目取得成功，在各环节上的管理水平起着至关重要的作用，保证项目在实施过程中的有效进展与发展速度，并达到预期效果。因此，提供援助的国际组织较为重视受援地区或项目人员的管理水平。在申请援助时，若能够充分证明自身的项目有较高管理水平将为援助的成功争取增加砝码。

第四，积极争取技术援助。以我国在过去二十五年里所接受的粮食援助为例，从援助形式来看，世界粮食计划署提供粮食援助，但不提供资金和技术；联合国开发计划署、粮农组织和欧盟提供技术援助（包括硬件和软件），但不提供资金。在援助领域上，上述组织则各有侧重，同时也存在交叉。但无论是粮食援助还是技术援助，各国际组织援助的目的是一致的，即提高我国农村的生产能力和技术水平，促进我国农村经济的发展。由于不同的国际组织对外援助形式各有不同，可以根据不同的情况在新时期农村建设过程中争取农村技术援助，以促进完成我国农村由传统农村向新农村转换的进程。

第五，要善于从既有国际援助项目中吸取经验教训。二十多年来，农村及各个行业中不乏申请援助成功的例子，通过对成功案例的研究可以有助于吸取经验教训，以便于为我们在新时期新情况下拟订新的项目申请方案。

第三节 国际贷款

一、国际贷款的定义及特点

国际银行贷款又称为国际商业银行贷款,是指一国银行向另一国借款人提供资金融通的业务。其贷款不限定用途,借款人可以自由使用资金,而且贷款资金的数量也不受限制,与发行债券等筹资方式相比,国际银行贷款的手续比较简单。但是,与政府贷款和国际金融机构贷款相比,贷款利率较高,期限也较短。国际银行贷款分为双边贷款和银团贷款两种,其中银团贷款是主要形式。双边贷款是国际上银行与银行之间的信贷往来,包括短期资金拆放及中长期贷款等,也指银行向跨国公司和外国工商企业提供的用于弥补短期资金周转不足或办理固定资产更新、扩建和新建的中长期贷款。银团贷款是由数家或更多的银行联合向借款国政府、银行、企业或某项工程项目提供的长期巨额贷款。

外国政府贷款是指一国政府向另一国政府提供的,具有一定赠与性质的优惠贷款。即政府通过财政预算,每年拨出一定款项,在双边基础上直接贷给外国政府,主要用于城市基础设施、环境保护等非营利项目。这种贷款利率很低,有的是无息贷款或赠款。

国际金融机构贷款是国际货币基金组织、世界银行及其所属国际开发协会、国际金融公司以及其他地区性金融机构等对其成员国提供的贷款。国际金融机构贷款利率较低且固定不变,收取的杂费很少,偿还期长,贷款条件优惠。其贷款原则为投资很大,且一段时间无利可图的项目,但最终能获得较大利润或者其利润被转移到其他部门去实现。国际金融机构贷款,在我国主要是世界银行、亚洲开发银行的贷款。相比而言,亚洲开发银行贷款在审批时耗时较长,而且在不同时期有不同的业务重点领域。

国际项目贷款又称国际工程项目融资，指向一个特定的工程项目提供资金融通，贷款人依赖该项目所产生的收益作为还款的资金来源，并将经营该项目的资产和收益作为还款保证。这些大型的工程项目出现在农村电力、林业、化工和交通运输等行业中。项目贷款通常只占工程投资总额的65%~70%，其余的由举办该项目的主办人投资，以体现主办人和贷款人共担风险的原则。国际工程项目融资分为无追索权的项目融资和有限追索权的项目融资，前者贷款人把资金贷给项目公司，以该项目产生的收益作为还本付息的唯一来源，并用在该项目资产上设定的担保权益来保障自身利益。除此之外，项目的主办人不再提供任何担保；后者贷款人除要求以贷款项目的收益作为还本付息的财源和在项目公司资产上设定担保物权外，还要求项目公司以外的其他与项目有利害关系的第三方提供各种担保。第三方包括项目的主办人、项目产品的未来购买者、东道国政府或其他保证人。项目本身的资产或收益不足清偿债务时，贷款人有权向上述各个担保人追偿。国际上普遍采用的是有限追索权的项目融资。

总之，面对近年来在多种国际政治、经济因素的影响下，国际金融组织和外国政府对华贷款在数量上开始呈现下降趋势，贷款条件也渐趋硬化的现实状况，我国需要进一步吸引外商直接投资，改革政府外债资金的使用模式，通过争取国外赠款软贷款或通过与国内专项资金配合使用，降低政府外债成本，扩大政府外债资金的使用效益，提高政府外债资金的"附加值"。

二、影响国际贷款的因素分析

在申请国际金融机构贷款时需要了解和注意以下几点：

（1）国际金融机构贷款，有较为严格的约束条件。农村项目若想得到贷款，不仅需要符合国际金融机构的贷款方向和贷款政策，而且项目开发条件也必须符合其制度要求。比如世界银行的贷款须与特定的工程项目相联系，工程项目须经世界银行精心挑选，详细审核，严密监督和系统分析，才能获得贷款。

(2) 国际金融机构的优惠贷款一般是与特定项目相联系的，这就需要注意以下几点：

第一，项目是否符合国际金融机构的兴趣是一个关键因素。在新农村建设过程中，我们需要进一步了解现时期国际金融机构感兴趣的领域，即有可能予以贷款支持的一些领域，另外，还要了解不同时期国际金融机构贷款方向的变化。如在20世纪80年代，世行贷款主要投向了地区农村开发项目、农村信贷项目以及特定的生产项目。20世纪90年代以来，重点转向了农村环境保护和地区扶贫项目，不再支持农村信贷项目，新增了地区扶贫项目，减少了地区农村开发项目，增加了农村环境保护项目。这就要求我们在申请贷款时一定要清楚世行的贷款动态，提高得到贷款的可能性。反之，如果对国际金融机构感兴趣的项目内容及重点领域了解甚少，提交的项目申请或建议根本不符合国际金融机构的要求，那么获得项目批准的机会就会较少，或者项目申请周期会很长。

第二，政府对农村利用外资的政策，也是影响国际金融机构贷款供给的一个因素。而政府意向特别是政府的外资结构政策、配套资金政策、外资转贷政策等对这些贷款在不同行业的分配起着导向作用。总之，项目条件、国际地位和政府政策共同作用于国际金融机构对中国农村外资的供给。

第三，在进行项目设计和提出贷款申请之前，要了解不同国际金融机构所支持的项目特点。如国际农发基金项目运用的并不是国际上惯用的农户瞄准机制，而是以村落瞄准为主。这类项目一般以区域综合开发为特征，其建设内容表现出综合性和广泛性，注重一个区域的可持续发展。在一个区域项目中，既有兴建农田水利、改良土壤等提高农村生产能力的基础设施项目，也有植树造林、防止水土流失保护农村生产能力的工程；既重视一家一户的农牧业生产，也扶持他们联合起来进行加工和销售；既重视推广先进、适用的农村技术，更重视包括监测手段在内的现代科学管理制度的引进；既依靠政府的强大支持，更重视农户的主动参与。可见了解不同国际金融机构支持的项目特点对申请贷款是很有帮助的。

第四，项目的整体规划对得到贷款起着至关重要的作用。要根据自身发展的需要，叙述清楚利用外资的途径和使用额度，提出偿还外资能力的分析成果，说明利用外资的合理性，认真地研究项目的设计、安排、运营、预计实施效果，并据此提出一套整体的、可行的、详尽的、具有可持续发展性能的方案，并规范撰写项目规划与可行性报告。其中就项目运营而言，能否形成融资—负债—创汇—还债的良性循环或者是融资—负债—增长—还债的良性循环以及贷款项目建设完成后，如何发挥其投资效益，促进农村增长，同时按协议偿还国内外贷款本息等内容都应是项目申请中应该包括的。

第五，要落实好农村利用国外贷款项目所需的配套资金。在利用国外贷款项目的准备过程中，国外贷款方很重视和关注项目受益（人）单位筹措国内配套资金的渠道及筹措能力，并要求提供确切的数据和证明文件。因此在利用国外贷款的项目过程中，国内配套资金投放要有严格的计划性，这是项目受益（人）单位能否获得国外贷款的一个必要条件。

（3）及时了解国际金融机构贷款的倾向性以及在我国地域上的分布。如国际农发基金对我国农村的贷款中，充分体现了国际农发基金的扶贫性质，其扶贫和开发贷款比例占 2/3 以上，其构成上，农村信贷服务项目有减少的趋势，地区农村开发项目和扶贫项目有增加的趋势。地域上基础设施集中在中西部贫困地区。亚行对我国农村的贷款构成中，农村环境保护项目份额占 50% 以上，而且有继续上升的趋势。地域上主要集中在东部和北部地区，并逐渐向西部转移。世行秉着帮助欠发达地区发展的宗旨，预计对我国农村的贷款重点从政策上将会更加强调向中西部地区转移。这一发展趋势与我国的区域发展战略大体上是吻合的，了解这些有利于我们抓住时机，积极提出相关的贷款申请。

三、申请国际商业银行贷款的程序

我国利用优惠贷款机会的减少意味着借款中硬贷款的比例将上升，综合借款成本将相比以前不断提高。但是，鉴于国际金融机构的硬贷款期限较长，从这个角度上来讲，其相对于其他商业贷款也是一种优惠贷款。因此，我们要在新形势下积极争取软贷款的同时，也要尽可能多地利用一些硬贷款，促进我国的农村发展。同时，为了满足我国农村建设发展的要求，可以根据各地农村发展状况主要是项目对硬贷的承受能力和还贷能力，考虑利用国际商业银行贷款。那么，如何得到国际商业银行贷款呢？需要遵照和履行以下程序，见图9-1所示。

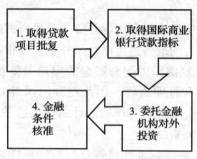

图9-1 取得国际商业银行贷款程序

第一，要先取得利用贷款项目的批复。国内项目要借用国际银行贷款，首先要根据项目规模取得国家或者地方、部门计划管理部门的批准，在批复中明确项目建设的部分资金来源为国际商业银行贷款。

第二，取得国际商业银行贷款指标。各地方、部门计划管理部门将准备使用国际银行贷款的项目初审后，报国家发展和改革委员会审批，如果符合国际商业银行贷款的条件，国家发展和改革委员会将同意该项目使用一定数量的国际商业银行贷款，即取得国际商业银行贷款指标。

第三，委托金融机构对外筹资。目前，国内筹措国际商业银行贷款主要通过中行、交行、投资银行、建行、工行、农行、中信以及经国家批准的省市级国际信托投资公司等银行和非银行金融机构对外筹措。

第四，金融条件核准。国家为避免各筹资窗口在市场、时机和条件等方面发生冲突，在筹资窗口筹措国际商业银行贷款前，由国家主管部门对其贷款的金融条件，即贷款期和利息、筹资市场、筹资方式等进行审核和协调。筹资窗口在国家主管部门正式批准贷款条件后，才能与国际商业银行签订借款协议。

第四节　不同外资的管理办法

获取资金只是完成了我们利用外资的第一步，跨国公司或国际组织毕竟不是"慈善机构"或"输血机器"，在我国所利用的外资中，无偿援助只是较少的一部分，优惠贷款或商业贷款都是贷款，无论贷款期限有多长，都是需要我们去偿还的。这就向我们提出了一个重要的问题，即在使用资金的过程中，我们如何有效地管理资金，如何偿还所欠款项。目前，我国农村外资项目资金使用中存在若干问题：

首先，从投资机制看，我国的农村外资项目一般由政府财政承借承还，财政层层转贷，而由政府行业部门甚至是某些不具业务能力的综合部门具体执行。这种机制使债权主体和债务主体不明确，客观上造成了只能由政府财政对外债负责，而项目执行单位只管在项目执行期花钱，不管项目后期偿还能力的局面。其次，从项目论证机制看，中方多数情况下在项目论证过程中只充当信息和资料的提供者，项目的决定权在外方，由于他们对中国的国情了解不够，难免会做出不实际甚至错误的决定，而中方为了拿到项目，往往容易站在部门和局部利益立场，提供不实材料，甚至搞官僚主义和形式主义，只管引入项目，不问项目成败和资金使用效益，使项目缺乏前瞻性、技术缺乏先进性。第三，从项目监评机制看，虽然我国目前几乎所有的农村国际合作项目的管理体系中均设置了监测和评价机构，但其功能只不过是根据项目执行部门的主观需要而定期向外方报送报告和报表，并不发挥监督和评价项目、及时发现和纠正项目执行中存在的问题和失误的作用。而外方合作伙伴也因其投资的债务人是具绝对偿还能力的政府财政部门而疏忽对其投资进行严格的监测。第四，从项目发展规划看，由于农村利用外资管理工作比较松散，因此很难制定和实施农村利用外资的长远规划，造成了农村外资项目在产业和区域布局上的不合理。

　　这些问题的存在，既影响了我国农村对外资的进一步引进，另外，也对我们如期偿还外资造成了一定的影响。目前，我国农村一些贷款项目已经陆续进入了还贷期，以世界银行为例，我国在20世纪90年代举借的大量政府外债，目前已经逐渐进入还本期，还债高峰正在来临。如果从现金流来分析，近年来我国每年实际利用的政府外债金额与对外还本付息金额已基本持平。这些现状使得我国在继续利用包括国际金融组织贷款在内的政府外债时，要尽快实现从重资金规模向重质量和效益的转变，从重贷款借用向重贷款使用和偿还的转变。要实现这些转变，必须加强管理，建章立制，从制度上保证转变的顺利进行。

　　2005年2月28日，国家发展和改革委员会第28号令《国际金融组织和外国政府贷款投资项目管理暂行办法》发布。时隔将近一年半的时间，2006年7月3日，财政部又颁发第38号令《国际金融组织和外国政府贷款赠款管理办法》这是一部根据国际金融组织和外国政府贷款方面的相关管理要求，结合我国利用国际金融组织和外国政府贷款赠款管理工作的实践而制定的关于政府主权外债管理的综合性部门规章。为了贯彻落实《办法》，财政部专门发布了《财政部关于贯彻落实〈国际金融组织和外国政府贷款赠款管理办法〉的通知》。在对国际金融组织贷款和赠款项目的管理方面，我国政府还出台了一系列相关的法规政策等，如《外国政府贷款项目工作规程》、《外国政府贷款转贷管理暂行规定》、《全球环境基金管理办法》、《国际金融组织贷款赠款项目绩效评价工作办法》、《国际金融组织贷款提款报账办法》等文件。此外，在未来3~5年内，我国还将初步建立起国际金融组织贷款赠款项目绩效评价体系。财政部国际司已经起草了《国际金融组织贷款赠款绩效评价工作管理试行办法》及配套的操作规程与技术指导文件，各地区各部门根据自己的实际情况，制定和完善具体的实施细则。今年，先期启动交通、水利、城建、扶贫等4个部门试点。这些举措的逐步实施显示出了我国政府对外资的重视，意味着我国对外资管理的水平将更上一层楼。相信这些举措将有力地规范和加强我国政府的外债管理工作，进一步提高国际金融组织和外国政府贷款、赠款的管理水平。

问 题 索 引

第一章 农村基础设施概述
1. 农村基础设施的概念是什么？ ………………………… 1
2. 基础设施在新农村建设中的地位和作用是什么？ …… 3
3. 农村基础设施存在哪些问题？如何解决？ ………… 5

第二章 农村基础设施建设融资
1. 农村基础设施资金来源有哪些？ ……………………… 10
2. 如何申报国家扶持资金？ ………………………… 15

第三章 农村基础设施建设投资
1. 农村基础设施投资的概念是什么？有什么特点？ … 23
2. 农村基础设施建设项目投资程序是什么？ ………… 26
3. 什么是资金的时间价值？如何计算？ ………………… 29

第四章 农村基础设施建设的前期工作
1. 对投资项目进行可行性研究有哪些作用？ ……… 33
2. 什么是工程勘察设计？ ………………………… 40
3. 工程勘察设计费用如何支付？ ………………………… 43

4. 投资估算的内容是什么？ ………………………… 51
5. 投资估算的依据和步骤分别是什么？ ………………… 51
6. 投资估算的编制方法有哪些？ ………………………… 55

第五章 农村基础设施建设准备与实施阶段的管理
1. 招标与投标的概念是什么？ ………………………… 66
2. 招标与投标的程序是什么？ ………………………… 68
3. 招标文件的内容有哪些？ ………………………… 72
4. 简单叙述工程过程中的三项管理。 ………………… 100

第六章 农村基础设施建设的后期管理
1. 工程价款的结算内容包括哪些？ ……………………… 118
2. 工程价款结算方式有哪些？ ………………………… 118
3. 什么是项目后评价？其内容有哪些？ ………………… 120

第七章 农村基础设施的运营管理
1. 农村基础设施的运营管理中存在哪些问题？ ……… 125

2. 农村基础设施的运营管理模式有哪些? ……………… 127

第八章 农村基础设施投资的财务管理与监督

1. 农村基础设施投资财务监督的概念 ………………… 136
2. 农村基础设施投资财务监管如何实施? ……… 140
3. 农村基础设施投资财务监督检查如何实施? ……… 155
4. 农村基础设施建设财务审计的目标是什么? 如何分类? ……………………… 159

第九章 国外资金的争取与管理方法

1. 外商直接投资的内涵是什么? ……………………… 174
2. 外商直接投资的类型有哪些? ……………………… 175
3. 国际援助（不含军事援助）应该符合哪两个标准? ………………………… 178
4. 影响国际贷款的因素有哪些? ……………………… 183

参 考 文 献

[1] 农业部. 农村基础设施建设项目管理办法. 2004.

[2] 丛培经主编. 工程项目管理 [M]. 北京：中国建筑工业出版社，2003.

[3] 徐学东编著. 建筑工程估价与报价 [M]. 北京：中国计划出版社，2005.

[4] 林知炎主编. 建设工程总承包实务 [M]. 北京：中国建筑工业出版社，2004.

[5] 全国建筑业企业项目经理培训教材编写委员会. 施工项目管理概论（修订版）[M]. 北京：中国建筑工业出版社，2002.

[6] 程志贤主编. 经评审的最低投标价法理论与实务 [M]. 北京：中国建筑工业出版社，2004.

[7] 中华人民共和国建设部. 建设工程工程量清单计价规范 [M]. 北京：中国计划出版社，2003.

[8] 中华人民共和国水利部. 水利工程建设项目施工监理规范 [M]. 北京：中国水利水电出版社，2003.

[9] 肖林. 融资管理与风险价值 [M]. 上海：上海人民出版社，2003.

[10] 本书编写组. 建设社会主义新农村学习手册. 北京：中国言实出版社，2007.

[11] 韩云虹，吕秋芬. 新农村建设中基础设施投资政策的选择 [J]. 辽宁大学学报（哲学社会科学版），2008.

[12] 中华人民共和国建筑法. 北京：法律出版社，1998.

[13] 建设工程质量管理条例. 北京：中国法制出版社，2000.

[14] 建设工程勘察设计管理条例. 北京：中国建筑工业出版社，2000.

[15] 中国建设监理协会. 工程建设质量控制 [M]. 北京：中国建筑工业出版社，2003.

[16] 建设部建筑管理司. 建筑业企业资质管理文件汇编. 2001.

[17] 佘立中编著. 建设工程合同管理 [M]. 广州：华南理工大学出

版社，2003.

[18] 冯彬主编. 工程项目投资决策［M］. 北京：中国电力出版社，2008.

[19] 郑立群. 工程项目投资与融资［M］. 上海：复旦大学出版社，2007.

[20] 全国建筑业企业项目经理培训教材编写委员会. 施工项目管理概论（修订版）［M］. 北京：中国建筑工业出版社，2002.

[21] http://www.mohurd.gov.cn，http://www.cin.gov.cn/dfxx/200904/t20090410_188579.htm.

[22] 农业部基础设施建设财务管理办法. 农财发［2003］38 号.

[23] 中华人民共和国财政部. 内部会计控制规范——工程项目（试行）.［2003］30 号.

[24] 财政部关于切实加强政府投资项目代建制财政财务管理有关问题的指导意见. 财政部【发布文号】财建［2004］300 号.

[25] 赵琳. 国家重点建设项目审计监督机制探究［J］. 审计月刊，2004（10）.

[26] 叶茂中. 国家建设项目投资跟踪审计［J］. 中国西部科技，2006（7）.

[27] 刘冬冬. 试论基础设施建设中的"全过程、全方位"审计. 审计研究［J］，2002（6）.

[28] http://www.hpdj.cn/info_Show.asp?ArticleID=699&ArticlePage=1.

[29] 程侃，贺琼主编加强基本建设项目财务管理和监督有关问题的探讨，交通财会，2002.

[30] 马清生. 创建村民理事会推进社会主义新农村建设. http://www.gxny.gov.cn/web/2006-03/110946.htm.

[31] 杜嘉伟，邓煜，梁兴国，哈佛模式项目管理，人民日报出版社，2001.

[32] 朱荣恩主编. 审计学［M］. 北京：高等教育出版社，2005.

[33] 张继勋主编. 审计学［M］. 北京：清华大学出版社，2003.